culture+fiction | 社科文化

2012!

THE CHOICE

大抉择

Using Conscious Thought and Physics of the Mind to Reshape the World

2012，我们将何去何从

[美]迈克·巴拉◎著 王勇◎译
（Mike Bara）

中信出版社
北京

图书在版编目（CIP）数据

大抉择：2012，我们将何去何从 /（美）巴拉著；王勇译. —北京：中信出版社，2012.3
书名原文：The Choice: Using Conscious Thought and Physics of the Mind to Reshape the World
ISBN 978-7-5086-3196-7

I. 大… II. ①巴… ②王… III. ①科学知识－普及读物 ②未来学－普及读物 IV. ①Z228 ②G303-49

中国版本图书馆CIP数据核字（2011）第275894号

大抉择——2012，我们将何去何从

DAJUEZE——2012, WOMEN JIANG HEQU HECONG

著　　者：[美] 迈克 · 巴拉
译　　者：王　勇
策划推广：中信出版社（China CITIC Press）
出版发行：中信出版集团股份有限公司（北京市朝阳区惠新东街甲4号富盛大厦2座　邮编　100029）
（CITIC Publishing Group）
承 印 者：北京京师印务有限公司
开　　本：880mm × 1230mm　1/32　　印　　张：8.25　　字　　数：187千字
版　　次：2012年3月第1版　　印　　次：2012年3月第1次印刷
京权图字：01-2010-7442
书　　号：ISBN 978-7-5086-3196-7/G · 784
定　　价：29.00元

网　　站：http://www.publish.citic.com　　服务热线：010-84849555
投稿邮箱：author@citicpub.com　　服务传真：010-84849000

The Choice

Using Conscious Thought and Physics of the Mind to Reshape the World

目录

The Choice

Using Conscious Thought and Physics of the Mind to Reshape the World

绪言

地球已然处于困境之中。

我们大都明白这一点，或至少以某种说不清楚的方式对此有所体会，而且周遭也弥漫着一股令人不安的氛围。我们的感觉似乎是，一切都不像看起来那么简单，心中的些许安稳感也随时会遭到破坏。

我们应该有这样的感受，而且理由非常充分，不过我即将阐述的内容未必是你心中已有的答案。

新闻媒体在谈论地球这颗行星面临的危险时，他们总是千篇一律地关注和报道各式各样的“危机”，例如全球变暖、住宅危机、无家可归者问题、医保危机等，这类报道总是汹涌而来又悄然退去。而最近我们似乎进入了不断发展的危机圈子，危机频现的景象，简直就像重现小说《1984》中的某个扭曲场面。不过，跟你在24小时新闻频道看到的报道相反，由于我们的集体智慧、革新和人性中存在的怜悯之情，人类的生存条件却是一代比一代更为完善。婴儿死亡率不断下降，可以治愈的疾病数量也逐年上升，我们不仅能在世界范围内为更多的人提供饮食和住所，与此同时，人类的整体智力水平也在不断提高。

因此，如果说多数担忧充其量不过是杞人忧天，那为什么我们还要如此忧心忡忡？为什么我们无论从短期还是从长期来看都感觉心烦意乱，焦虑不安？为什么我们急于改变，希望过上新的生活？同样，尽管似乎有些令人难以置信，但答案还是非常明确——星体影响了我们的感受。

真实情况是，我们一直以来奉为神圣的多数信念和支撑体系都处于遭到彻底摒弃的边缘。而这一切正发生在另一场令人忧虑的事件——玛雅历法当前长计历周期（long count cycle）终结——的边缘，这只会让我们大多数人感受到的混乱局面更为雪上加霜。在过去10年间，经历了种种矛盾、政治分化和经济骚动之后，我们必须面对这个问题吗？万事万物未来都将陷入一种难以抗拒的力量之手，而这股力量将以某种手段把我们彻底吞没。是地狱般的太阳耀斑？是史无前例的可怕地震？是磁极颠倒带来的世界范围的暴雨？还是好莱坞拍摄的电影《2012》中描述的那种终极灾难——地理学上所谓的磁极转换？

或者，真实情况会不会像许多玛雅学者和新纪元的领袖们一直宣称的那样，并非是我们的身体及外部物质世界出现巨大变化，而是指我们的意识层面？会不会出现一次新的觉醒，从而最终终结我们所处的神秘时代，让我们与神真诚和谐地相处？

说实话，我们感觉即将到来的变化可能跟上述这些事情没有任何关系，也可能就是我们已经猜测到的这些事情。唯一可以确定无疑的是，我们即将目睹一次变迁。而唯一的问题是，这次变迁将采取何种形式呈现在世人眼前。

信不信由你，这一抉择完全取决于我们自己。

无疑，对我们大多数人来说，在精神意识层面出现转变的想法相比之下更令人欣慰。其隐含意义是，虽然我们生活中或许没有高度的物质富足，但至少我们能衣食无忧、安居乐业，甚至重新得到一种群体的感觉。它让我们想到一幅这样的场景：我们过的是一种更简单、更淡然的超越时间的生活，我们可以专注心灵所指向的精神发展，而不是大脑所关注的物质进步。正像许多新纪元的精神领袖告诉我们的，玛雅历法是人类意识演变的路径图，仅此而已。

但多数新纪元的群体成员没有意识到的是，有一种基本的物理现象驱动着这些意识转变，这种现象跟爱因斯坦、量子力学或引力法则没有关系。在稍后的章节中我们会探讨这种“超维”物理现象的详情，不过可以肯定的是：在今后几年的某个时间，我们星系的中心会发出一种能量脉冲。我们将要经历的变化，无论是意识层面还是物理现实的变化，都将会受到这种脉冲的影响。

在古人生活的时代，他们跟“造物主”的关系比我们如今更为密切，所以他们对此有一种基本的、近乎是本能般的理解。他们认为时间维度是一个圆弧，是一系列的圆圈，无休止地重复，从而让我们有机会重新经历昔日的错误，从中吸取教训，并作出弥补。在仰望星空、思索星体的持续运动时，他们认为我们历史上的这个特定阶段——后千年时代——是一个意义重大的时代。站在吉萨高原的大金字塔上，埃及人通过记录猎户座“腰带”处星星位置的变化来标记时代的变迁。印度教的《吠陀经》认为这是地球围绕着所有生命之源——他们称之为“毗湿奴”——旋转的一系列天文周期的顶点。玛雅人通过金星凌日和每2.6万年一次的太阳与银河系中心处于直线排列加以记载。北美洲的霍皮族印第安人通过一系列的预言加以标示，而这些预言中目前只剩下一两项还没有得到验证。基督徒则在《启示录》中通过“启示20:12”章节作了描述。

上述每种传统都直言不讳，有时候甚至骇人听闻地讲述了这个转变时期的情况。它们谈到了地球要遭到清理，善恶势力之间发生战争，人们要选择自己的立场，并且参与战争。关于这一点我要指出两方面的内容。首先，这一切内容（包括地球大清理在内），都是这种目前我们知之甚少的物理现象带来的一些可能性。历史上长期以来遭到抑制和忽视的经验表明，这种物理现象不但可以得到遏制，而且可以施以主观影响，即通过我们的思想、祈祷和真正的愿望，我们可以主导今后十年间变化的结果。

其次，我相信，在漫长的历史演进过程中，古人所了解的真相已经湮没，在即将到来的2012时代，我们的掌控能力将远远超过末日预言者的预测。最初，至少有1 562种玛雅古抄本，如今却只有4种存世。据我们了解，另外1 558种抄本可以非常详细地告诉我们人类成长、发展以及最后在2012年唱着歌曲《与主同行》走向灭绝的方式。或许只有众所周知、令人恐惧的德累斯顿抄本警示了一个混乱的未来。在本书中，我将充分论证的是，所有这些让人胆战心惊的预言、地球大清理、磁极转换、战争等等，都将不是物理实体层面的战争，而是我们心灵和心智无意识层面的战争。正是在那个层面，我们要选择自己的立场，作出我们的抉择，而正是在我们的三维现实世界中，我们将把那些抉择的结果体现出来。

但这并非确定无疑之举。我们必须选择自己的道路，而且要尽快作出抉择。

我们都受到了蒙蔽，以为末日灾变是不可避免的命运，而不是我们可以积极参与其中的事件。世界末日的景象可能会很令人沮丧，也可能只不过是极具戏剧性的事件，这完全取决于我们自己。

在三维现实世界现身并与我们星球的频率接合前，能量脉冲本身是中性的，没有任何内在的动机（无谓善恶）。如果我们的世界充斥恐惧、贪婪和冲突，那么结果将会极其负面（如果不是灾难性的）。但是如果我们的世界抉择的是一种更高的格调，追求和谐、爱与和平，那么这些能量就可能变成积极的力量。如此一来，玛雅人德累斯顿抄本的可怕预言、霍皮族人的预言，以及所有各种预言都可能因为几百种因素——纵使不是几千种因素的话——的影响而得到降低。

要做到这一点，我们就必须让更多的人认识到未来的潜在危险。必须给他们提供工具，大家一起来创造一个更美好的世界，和“上帝”一起共同创造，为人类发展的下一阶段——普遍性意识阶段——确立基调。我们可以通过创立第二次谐波汇聚（Harmonic Convergence）达到这个目的，发动一次跟1987年最初的谐波汇聚大同小异的一次民间行动，从而用对人类积极——但却严肃而迫切——的信息吸引参与者。与第一次的情况不同的是，这次谐波汇聚必须得到维持，而且必须持续超过一个周末的时间，成为一种全新的存在形式。

正如你在随后的章节中会看到的，关于玛雅历法或任何其他预言形式对人类历史上这个阶段的解读，其实根本没有任何争议。他们一致认为人类面临伟大的转折。但是迄今为止我们始终没有理解的或许是，是物理学驱动了人类的意识，是科学助益了人类的精神，是天文学主导了占星学。我们必须接受，在我们的思想、情绪和行为背后存在一种科学，这也意味着在我们即将迎来的生存危机中，我们可以抵消它们带来的任何消极能量。

神秘的双鱼时代即将结束，水瓶时代即将来临。谁也无法阻止这一进程，正如无法阻止岁差运动一样。“达尔文错觉”——认为我们不过是不被任何事物、力量主导的一群随机组合的偶然生命体——已经毒害了我们的灵魂太久的时间。玛雅人、古埃及人和古印度人都非常清楚历史的进程。现在，我们必须来写下人类命运史书的下一篇章。

我们需要做的，就是审视我们的内心和灵魂。

我们都已经了解了其中的奥秘。我们每个人都有能力通过我们的希望、梦想甚至恐惧来创造自己的现实世界。掌握了这种神奇的知识后，现在是我们把这种能力派上用场，作出抉择的时候了。

时机已到。

你会站在哪一方？希望出现什么结果？

2012

!

THE CHOICE

Using Conscious
Thought and Physics of the Mind to
Reshape the World

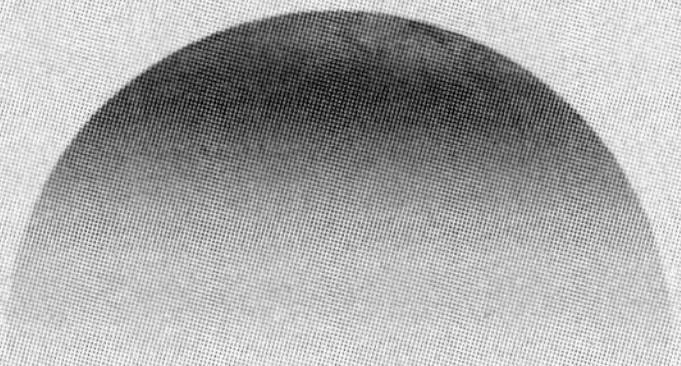

The Choice

Using Conscious Thought and Physics of the Mind to Reshape the World

第1章

超然的力量

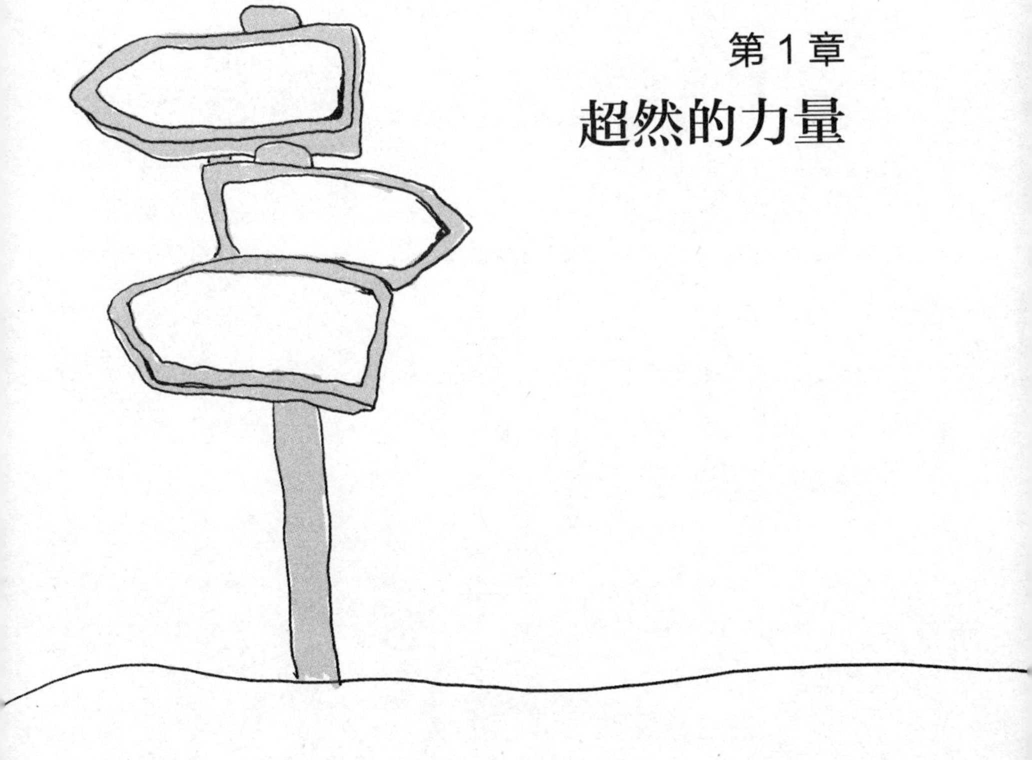

The Choice

Using Conscious Thought and Physics of the Mind to Reshape the World

首先，我想解释一下写作本书的前提。学校里讲授的物理学原理——爱因斯坦、牛顿的理论等等——大多都不正确。爱因斯坦理论的衍生学说量子物理学也是有疑问的。根本没有所谓的暗物质，也没有所谓的零点能、超弦，甚至可能也不存在宇宙大爆炸这样的事情。从一开始，现代物理学的认识就已经受到了一个不完整的模型的制约，误以为我们生活在一个纯粹的三维宇宙中，完全不受其他（更高层次的）因素的影响。这样一来，如果实验结果跟预测不符，为了维系他们的理论，现代天文学家和宇宙学家（那些研究宇宙起源的人）就只好采取削足适履的手段。

正如跟我合作撰写《暗黑任务——揭秘美国航空航天局》（*Dark Mission—The Secret History of NASA*）的理查德·C·霍格兰（Richard C. Hoagland）曾经指出的，我们忽视了一个问题：牛顿和爱因斯坦并不能囊括物理学的全部内容。他们仅探讨了部分内容，而物理学的现实内容更丰富，不仅包括第四维，而且包括第五维、第六维，甚至至少要到第二十六维的内容。只有重温一下詹姆斯·克拉克·麦克斯韦（James Clerk Maxwell，1831~1879）理顺电磁学与万有引力定律关系的创造性见解，你才有机会重新领会其内容，了解物理学的全貌。以此为基础，我们很快就会发现：我们生存的宇宙是一个多维空间，包括更多高层次的生存状态，而且它们更接近“上帝”。

为了统一电磁学的理论，麦克斯韦不得不借助他称为“以太”（Aether）的一种东西。他认为“以太”是一种无处不在、联系所有事物的波浪式流体磁场（听起来有点像“神的力量”，对不对？）。“以太”是可以传导电力或磁力的所有物体的连接媒介。可是在研究公式时，他很快就碰到了跟爱因斯坦甚至弦理论工作者等后来的研究人员遭遇的相同的问题：他无法自圆其说。原因非常复杂，这里不便详究（不过在《暗黑任务》一书中，我们对此有详尽的解释），麦克斯韦意识到，为了完成他的方程式，他需要引入一个新的空间维度：第四维空间。

引入四维空间后，他发现方程式非常完美。按照他的宇宙观，在我们已知的宇宙中，任何人在任何时间都可以发送任何数量的能量（电势能）。能量未必需要一个明确的来源，因为它肯定有其出处——第四维空间。为了解决他的方程式，麦克斯韦借助了一些只适用于四维空间、称为“四元数”的特殊数字。令人痛心的是，麦克斯韦还没有完成他的工作——更谈不上公之于世——就去世了。后续工作是由奥利弗·赫维赛德（Oliver Heaviside）完成的。赫维赛德和麦克斯韦生活在同一个时代（是他智力方面的对手），他讨厌麦克斯韦研究工作中的超维方面。在他看来，使用四元数“有点神秘兮兮，应该从理论上摒弃这一做法”。1879 年麦克斯韦去世后，赫维赛德正是这样做的。

最终的结果是，所有列入麦克斯韦名下的经典电磁方程式实际上都出自赫维赛德之手，而且由于缺乏关键的超维空间组成部分——第四维空间，现代物理学的各种后续发展都是建立在一个残缺的宇宙理论之上，尽管更全面的理论可以解释我们看到、接触到、感受到的一切——包括我们的思想、感情甚至我们的意识本身。

在我们短暂而又极其丰富的地球生存过程中，我们的触觉、视觉、听觉和味觉只能了解到发生在这个三维领域的一切，但我们可以感受到那些更高级的维度，并对其真实情况有所体会，而且能够借助通过星体流动到空间的能量以及通过我们的心灵流入我们意识的能量感受我们跟它们的关联。所有这一切都已经通过太阳系的结构组合程序化了，就如同某种巨大的天体时钟一样。

这并不是说我们没有自由意志，我们当然有自己的自由意志。我们始终有选择的权力，但我要告诉你的是，这种物理学理论确实确定了我们作出选择的先决条件。

宇宙是通过行星在太空中的排列做到这一点的。正如你将在随后的章节中看到的，有相当多的实验数据证明，寻常所见的日常能量（类似无线电波的东西）实际上是由太阳系中除地球以外的其他行星的位置影响造成的。研究发现，这些行星的具体位置，比如土星或木星是否与地球的轨道呈90度，会对地球上的短波无线电信号造成重要影响。这意味着如果行星的位置可以影响无线电波，那么我们人类的思想、情绪和梦境也可能受到影响。毕竟，脑电波也跟无线电波类似，都只是某种形式的电磁能量。这也就意味着占星术这门长期以来一直被摒弃为愚昧迷信的学科是真实的。不仅如此，正如我将要告诉你的，所有这些电磁能量全部来自其他地方，来自比这种简单的三维空间更高级的地方。

宇宙赐予我们一处美妙的生存场所，我们称之为地球。曾经有一段时间，太阳系中至少还有另外两个适合高级生命存在的世界。可悲的是，它们没能延续到现在，至少就人类而言，如今的金星和火星几乎无法居住。审视我们称为家园的这个空间时，我发现：跟我们自己的世界差别不大，宇宙也是一个混乱的所在。不过，宇宙也是一个极具魅力、星体组合极为完善的地方。在随后的章节中，我们会大致浏览一下，你会发现宇宙的组合是多么完美，其中的一切组合起来使得我们在地球上的生存成为可能。

从年轻时候开始，科学家和怀疑论者就接受了训练，要拒绝相信魔力、拒绝崇拜超理性的东西，如果看到我在随后的章节中介绍的内容，他们或许会嗤之以鼻。他们会嘲笑你，说你不明白各种现象都是缘于数学、重力和磁力等因素以及其他各种自然现象的结果。简而言之，就像数字运算一样。我跟他们这些人，跟罗伯特·坦普尔（Robert Temple）在《天狼星之谜》（*The Sirius Mystery*）中所谓的“行尸走肉”不同的是，在观察那些数字和那些力量时，我们看到的是完美。这种完美并非随机组合的结果，也不是无意义的为生存而生存，而是盛大而神圣的力量体现出的完美，这种力量把我们统一起来，从最大、密度最高的黑洞到最微小的细菌。是的，的确存在着一种超然的力量。

世世代代以来，关于这种力量的本质在科学和神学领域一直存在争执。在形形色色的主要和次要的宗教中，有各种各样的关于这种力量的说法，而且名称不一。印度教徒和佛教徒称之为“普拉纳”（生命素），中国人称之为“气”（生命能量），在新纪元的精神宗教中，我们一般称之为“神的力量”（以太）。在西方人的《圣经》中，我们几乎忽略这一切，只是称之为“上帝”，但这样做也带来了一个问题：到底谁，或者说什么是“上帝”？正如我的朋友肖恩·戴维·莫顿（Sean David Morton）喜欢说的，“上帝”是创造者、管理者和毁灭者的统一体，是万事万物的创造者和毁灭者。不过“上帝”当然也有很多其他的名字。

上帝

上帝的名字在《圣经》中 3 893 个不同的章节中出现了 4 473

次，但是其中绝大多数都是指一个具体的人，名叫“耶和华”。任何人如果读过撒迦利亚·西琴（Zachariah Sitchin）的《第十二个天体》（*12th Planet*）系列著作，就会明白，耶和华很有可能并不是任何神，而是来自另外一个时间和地点的客人。但在《圣经》中，上帝还有另外一种提法。这种提法用的是男性复数形式的词语“耶洛因”（Elohim），不过是以单数形式出现，只有30次，都是在《创世记》的第一章中，而且有个不同的意思，指的是无处不在、无所不知、泛爱众生的唯一的神。耶和华·耶洛因的说法开始出现于《创世记2：4》，似乎指的是地球的主导或唯一的神上帝的仆人。因此上主根本不是一个神，而是“上帝”在地球上的代表。“上帝”一词尽管起源于复数形式，却似乎有一个完全不同的解释。耶和华是统一的整体，融汇东西、男女，囊括理性世界和精神世界。如果更简单地说，无论上帝、普拉纳，还是气，还是任何其他说法，都是……一回事。

因此，在科学和宗教领域里寻找“上帝”时，对象并不是耶和华、安拉、大神或其他任何具体的神，而是怀着同样的目的，追寻融汇一体的爱和生命的力量。

关于这种神秘的超然的力量可以被观察或衡量，有许多线索，其中之一是一种称为“克里安摄影术”的东西。1939年，苏联发明家谢苗·克里安（Semyon Kirlian）意外地发现，如果把一张照相感光板放到高电压场中，感光板上的影像会在周围留下一个明显的彩色光环或“电晕”。一如既往，怀疑论者提出了反对，说光环并不能反映任何存在的生命能量，认为它们只是成像物体周围的水分造成的。顺便说一下，并没有任何持怀疑观点的人曾经做实验证明他们的论断，但是作出这个论断的基础还是比较正常的。

水分论断面临的一个大问题是各种研究人员和业余爱好者开

展的大量实验基础。克里安自己做了第一个“树叶实验”，他把刚刚从植物上取下的一片叶子很快通过电压感光板拍摄了一张照片，结果发现树叶周围有一圈闪耀的美丽光环。

然后他取下树叶，剪掉一部分后再放回到感光板上，拍摄了另一幅照片，结果树叶被剪下的部分依然出现在照片里，虽然颜色已经不如第一张照片鲜艳了。持怀疑态度的人认为，光环减弱只不过是因为切下的部分造成的水分蒸发。不过这种观点再次忽略了一个事实，叶片经修剪后被放回到感光板上时，很少直接放到拍摄第一张照片时的同一处地方，然而被剪掉的部分在照片中依然有相应的光环出现。

后来，其他一些研究者发现了类似（但不完全相同）的现象。一项实验发现，把一片叶子（他们只是准备用手撕成两片）放到克里安用的那种感光板上后，他们原本准备撕下来的那部分成像就不完整。让他们吃惊的是，成像不完整的部分跟他们准备撕开的区域完全吻合，尽管他们是在拍完第一张照片之后才用手撕开树叶。似乎冥冥宇宙中有种预感，知道树叶将会如何被撕成两部分一样。

关于克里安摄影术带来什么发现有多种意见。被怀疑论者认为是水分造成的图案，在新纪元的社群则称之为“光环”，是环绕所有有生命的物体并将其跟上帝的力量联系在一起的一种能量场。20世纪70年代和80年代，加州大学洛杉矶分校和加州大学针刺疗法诊所都开展了研究，发现经过针刺处理后，尤其是在传统的中医穴位周围进行针刺后，人体的克里安式成像结果在强度上会有大幅增长。针刺疗法至少起源于公元前2世纪前后，主要是利用细小的金属针刺激人体的某些“能量点”。人们认为，针刺疗法可以疏通经脉，以便生命能量（所谓的“气”）可以在人体内更顺畅地流动，从而促进疾病的愈合，改善心境和心态。和先前一样，怀疑论者仍然是毫不犹豫地提出疑问，尽管他们始终没有搞清楚为什么克里安摄影术会知道传统针灸穴位的位置并让这些位置比人体其他位置含有更多的水分。

另外一些实验跟夫妻之间的关系有关。加州启发式疗法研究所的一项实验表明，如果夫妻双方关系冷淡或者彼此感觉恼火，那么通过克里安摄影术得到图像中的光环就处于分离状态或根本不出现光环。如果彼此充满爱意，或者亲吻对方，那么光环就会融合在一起，非常明确地反映出两人之间的亲密和团结状态。

这些实验都很有价值，但是，虽然我们当中有宗教意识的那些人立刻就会察觉出其中的意义，但其他一些更迷糊的人却觉得其中没有什么能够动摇他们坚定的学术信仰。不过，要漠视下面的一组例证难度就更大一些了。

1966 年，测谎专家克利夫 · 巴克斯特（Cleve Backster）决定利用实验室里的植物和动物开展一系列实验。巴克斯特是基勒测谎仪研究所的所长，以前曾在美国中央情报局审讯处工作。有一次，他决定把实验室里一株很常见的室内植物置于测谎仪上。把植物放在上面一段时间并确定了电场活动的基准后，他开始考虑想办法测量一下植物电场输出的变化。结果发现没有多少成效，最后他想，如果用火烧一片树叶或许会影响实验的结果。让他感到惊讶的是，他一产生这个念头，测谎仪的指针就剧烈地跳动了起来，好像那棵植物极度担心他要做的事情一样。在好奇心的驱使下，他开始用其他植物做了一系列实验，结果发现，每当他有类似的想法时，接受测谎仪检测的植物都会出现类似的反应。除此之外，巴克斯特的研究还发现，距离甚至电磁屏蔽都不会影响实验的结果。

更奇怪的是，巴克斯特发现，影响不仅没有距离限制——也就是说，即使产生想法的人位于千里之外，植物也会产生反应——而且影响也是即时的。而根据爱因斯坦的相对论，这两种情况都是不可能的。在三维空间里，你绝对做不到造成即时的影响。这种事根本不可能出现。根据物理学定律，没有任何事物——哪怕是无线电波、能量或思想——运动的速度能够超过已知的光速，而光速大约是每秒18.6万英里。然而在与美国航空航天局前宇航员布赖恩·奥利里（Brian O' Leary）博士合作开展的实验中，巴克斯特恰恰证明了这一点。从350英里以外的距离，奥利里发出了他的意图，想要接触一下它预先交给巴克斯特的一些自己的血液样本，结果连接在一台测谎仪上的那些细胞立刻作出了反应，没有任何时间上的延迟。此外，巴克斯特后来还发现，植物似乎能够解读他的真实意图。换句话说，它们似乎可以分辨他是要真正伤害它们，还是仅仅虚张声势而已。

经过多年包罗万象的研究——实验对象包括鳃足虫、人体血细胞等——之后，巴克斯特发现，所有生物似乎都受到某种强大的力量的关联，这种力量无处不在，无时不在。过去这种力量被称为“以太”——指一种无处不在的流体能量场。

我认为，区分我刚刚描述的以太或神的力量和光环是非常重要的。以太指的是无处不在、无时不在、连接所有生物的能量场，是万物之源，是生命能量的集汇，是巴克斯特实验中的思维信号的途径。光环是截然不同的东西，是围绕某种实体——比如你我——的强烈的生命能源场，通过这种光环，我们都跟“以太”联系在一起，而且彼此联系在一起。

普林斯顿全球知觉项目

关于超然力量的存在有许多令人吃惊的证据，其中之一就是“全球知觉项目”（Global Consciousness Project）。该项目肇始于 1997 年，由一批联系不是非常密切的科学家、非专业研究人员以及好奇心旺盛的人组成，旨在利用互联网的通讯能力验证是否存在一种联系世人的全球直觉。引领大家开展研究的主要是普林斯顿大学工程异常研究实验室的罗杰·纳尔逊（Roger Nelson）博士，最初的设想很简单，就是想办法测量一下物质世界中的意识和意图。最初的实验使用了 12 台硬件随机数发生器（专业说法是随机事件发生器）来测量人类思想如果专注于某些事件时会对随机数产生情况的影响。随机事件发生器的运行实际上就像自动抛掷硬币的机器一样，而最终的结果应该没有明显的模式。

为了得到一组基础数据，研究团队采用了记录下来的事件来集中意识。这些事件内容不一，有心理辅导记录，也有足球世界杯、奥斯卡颁奖典礼转播，以及对黛安娜王妃逝世的反应这样的全球公共活动。1997 年 1 月，全球知觉项目甚至组织了一次基于互联网的冥想引导行动，称为“Gaiamind 冥想”。所有这些研究表明，集中在一起的人类思想确实可以对随机数发生器产生一定的影响，因此他们决定开展一次更大规模的研究。

这时候，全球知觉项目扩充到了包括 65 台随机事件发生器，安置在全球各地。通过互联网的连接，这些新增的随机事件发生器每秒都产生成千上万次“投掷硬币”结果。利用这些设备，项目组很快就建立了一个数据库，记录随机产生的数字。这套世界性的网络设备开始正式运作之后没多久，就经历了第一次实时测验。

2001 年 9 月 11 日，恐怖分子袭击纽约世贸中心前几个小时，随机事件发生器就开始记录到随机数字结果的一次上扬。到恐怖分子真正发动攻击的时候，随机事件发生器记录到了更大的随机数字分布，随着时间的推移和双子大厦的倒塌，随着世界各地的人们开始了解到恐怖袭击的消息，曲线开始持续上升，到 2001 年 9 月 13 日达到峰值。毫无疑问，我们都记得恐怖袭击发生后最初几天的紧张，提心吊胆地关注事态的进展，不知道恐怖分子是不是还有其他计划，是不是会使用偷盗来的核武器攻击美国的某座城市。恐怖事件过了几天之后，统计曲线仍然没有恢复正常，随机数字仍然远远超出正常水平。纳尔逊、雷丁、舒普和邦塞尔在《物理学基础快报》发表的文章指出，记录的数据不是随机结果的可能性很低，只有几百分之一。或者换句话说，这些数字有其意义。计算机控制装置的反应是真实的，其结果受到了来自我们集体意识的影响。

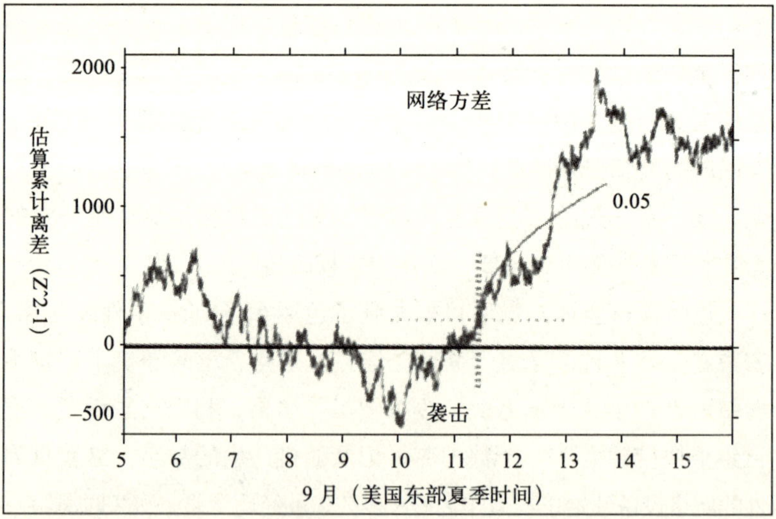

图 1.1　全球知觉项目标示“9 · 11”事件几个小时前活动峰值的数据表（本图由罗杰 · 纳尔逊和全球知觉项目提供，经授权使用）

很明显，全球知觉项目记录了众所周知的“力量的震颤”，然而这也成了怀疑者和批评者攻击数据的重要依据。他们的抨击非常强烈，甚至在博客上发表讽刺挖苦之词，而且不断修改维基百科中有关全球知觉项目的页面来攻击研究结果。无奈之下，全球知觉项目组的正式成员只好为自己辩护，发表文章指出，数据曲线并没有受到早期数据的影响，而且无论如何早期的数据从统计学角度看都是有意义的。写作本书时，全球知觉项目组已经检验过大约 324 件世界性事件，包括“9 · 11”恐怖袭击、体育运动、教皇这样知名人物的去世，以及世界和平日等等。结果一目了然，不容置疑：如果世人的意识关注某种重要事件，那么数字发生器不产生反应的比例是十亿分之一。

很容易就可以看出来，为什么怀疑论者感觉必须攻击全球知觉项目。跟存在“神的力量”、“以太”或“上帝”——不管你如何称呼——的证据相比，没有什么东西更能威胁到他们的世界观了。同样，我们也可以很容易地粉碎他们的攻击，证明他们的说法完全是不合逻辑的。想想看：他们开展学术攻击的整个前提并不是随机数发生器不会对有世界影响的事件产生超乎寻常的解读。他们也很坦率地承认这种情况存在。他们想要做的，就是一种名为简化论的智力游戏，其中包括对个别数据——比如 2001 年的“9 · 11”事件——吹毛求疵，然后以此攻击整个研究前提是错误的。我们不妨更仔细地研究一下他们的观点。

无论他们对个别事件持何种观点，毫无疑问，2001 年 9 月 11 日这一天，随机事件发生器统计的数据都出现了激增，甚至在恐怖袭击之前几小时就开始了，就好像宇宙本身对即将发生的大恶有所预感一样。批评者认为数据是有缺陷的，所以人们不能信任它，或者说因此人们就不能相信它们记录的 324 项全球性事件中的任何事。但是如果全球知觉项目的随机事件发生器在2001年9月11日这一天没有任何记录呢？你不觉得那些批评者或许会以此为据抨击说生物之间具有连接力量这一想法纯属无稽之谈吗？他们当然会这么做的。即使记录的所有其他世界性事件都超过标准数值，他们也会援引“9·11”事件作为不存在这种力量的证据，因为在他们看来，10年来最重要的全球性事件、本世纪的关键事件怎么能够从支撑数据中遗漏呢？

事实情况可谓简单明了：无论该事件是预期即将发生的（比如奥运会），还是“9·11”恐怖袭击这样的看起来好像是出乎意料的随机事件，他们都会被随机事件发生器记录下来。始终如此。因此，结果绝对不会出现任何数据错误或随机波动的可能性。所以我的结论很简单。存在一种力量，虽然我们可能无法以某种特定的方式接触到这种力量，但我们一定能够衡量它对我们所在的物质世界的影响，正如在随机数发生器这样的电子仪器上有所体现一样。

弗林效应

当前还有另外一种意识现象，我相信这种意识现象在某种程度上跟即将到来的变革潮流和我们周围存在的神的力量相关。有充足的证据表明，人类的某些能力，尤其是通过智商体现的某些能力，一个多世纪以来一直在稳定增长，其速度超过了我们的预期。

詹姆斯·弗林（James Flynn）是美国的一位政治学者（现居新西兰），几十年来，他一直在研究智商测试和各种相关结果。弗林最初是想证明，种族方面的任何智商差异都是因为测试中文化偏见的结果，而不是不同种族群体能力的任何先天差异。但结果他却发现，总体而言，人类的智商一直在提高，而且速度惊人，尽管存在各种各样的种族、文化、教育等方面的障碍。后来被称为“弗林效应”（the Flynn Effect）的研究结果从 20 世纪 80 年代首度问世以来就极具争议，不过进一步的研究不仅证实了这一结果，还极大地加深了它的起源之谜。西班牙的一项研究发现，“平均智商”（所有被测试孩子的中间水平）在 30 年间增长了 9.7%。在其他测试中，研究人员发现，智商增长介于 5%~25% 之间。换句话说，如今的十几岁孩子比他们父母辈的聪明程度要高出 25%。在不对数据进行“正常化”（也就是篡改）调整的情况下，用现在的标准看，1930 年接受智商测试的孩子中会有超过一半的人被认为接近智力迟钝。从世界范围来看，这种智商提升的现象不仅非常普遍，而且呈加速趋势。

传统科学无法解释这种现象。按照它们的标准，即使考虑到课时的增加、计算机的广泛使用和视频游戏的应用（有人认为会促进某些类型的学习）等因素，智商提高的现象也难以解释。就连弗林本人也不愿意接受自己的研究结果，坚持说没有证据显示人们确实变得越来越聪明了。他说如果情况属实的话，我们应该处在第二个文艺复兴时代，艺术和各类科学领域每天都有新的发现。

然而事实上，的确有一种完全合理而且很容易理解的解释（是由理查德·霍格兰首先提出的），只不过人们没有加以考虑而已。多数智商测试都是多项选择题。学生们面对的每个问题通常都有二至四个选项，如果不知道如何回答，测试组织者还鼓励他们尽量猜测问题的答案。因此对我来说，这一解释就像火星“人面山”上的鼻子一样一目了然。[1]

迅速增长的并不是人类的智力，而是直觉，人类本能的直觉。这也很巧妙地解释了为什么有些人，比如灵媒，似乎具备超乎“常人”的技能，因为这些技能是基于直觉，基于心灵而不是大脑，基于灵魂而不是人格，基于精神而不是物质。这意味着我们的确可以进入一种新的更高的生活、感受和交流方式。学术界似乎还没有搞清楚的，恰恰是导致这一发展趋势的原因。对我来说，原因同样是显而易见的。

星体是这一切的源头。

① 火星人面山（the Face on Mars），指被美国宇航局维京 1 号太空船拍下的人头状火山地形，实际总长近 3.2 公里。——编者注

第2章 最初的太阳系

The Choice

Using Conscious Thought and Physics of the Mind to Reshape the World

自从人类文明存在以来，就一直有人认为恒星或行星在某种程度上影响着我们的情绪。早在公元前3000年的时候，就出现了一些直到现今还依稀可辨的占星图表，而天文学与占星学分立也不过是近代的事。直到几百年前，天文学和占星学还一直被视为是彼此依存的，如同一枚硬币的两面，而星体的运动会影响人类活动也被视为不争的事实。然而今天，这却无疑是另一回事了。

正如维基百科（且不管其价值如何）所表述的：

> 占星学是一套传统的概念系统，认为天体的相对位置和相关情况能够提供关于人类个体性格、人类活动和地球上其他问题的信息。占星家认为，天体的运动和位置要么直接影响地球上的生命，要么跟人类的活动存在对应关系。

怀疑论者和理性主义者，比如美国国家科学基金会，把占星学描述为“伪科学的观点”，认为只有下层民众和未受过教育的群体才相信这一套。真实情况是，占星学完全是一门有效而且经得起检验的科学。同时，占星学需要证明的存在意义实际上也来自科学怪才们自己的领地：天文学和物理学领域。

占星学的基本观点是，我们彼此都是联系在一起的：地球、地球上的众生，以及诸多行星和恒星都是一个庞大的机制的组成部分，这一机制在我们生活中的一些关键时刻都会发挥推动作用和产生影响。令人惊讶的是，包括物理学在内的许多门科学都已经显示有大量的实验结果证实了同样的事情，只不过科学界还没有承认这些实验结果而已。

关于我们的太阳系，多数人（甚至包括科学界的一些人）不理解或还没认识到的一个问题是，它是一个系统。所有行星和卫星都属于一个更大的、相互关联的系统，这一系统远远超出了我们太阳系的边界，直至银河系中心，甚至还有所超越。太阳和太阳系的所有行星（我们稍后会加以探讨）都是联系在一起的，它们彼此依存，获得热量、资源和生命能量。同样，木星和它的9颗卫星也组成一个独立的系统，成为太阳系之内的一个子系统。

看看周围这个同步完善的世界，要让我得出结论说我们和周围的世界都没有什么特别有趣的地方或者不怎么重要，是不可能的。有许多非常让人着迷的线索，让我不由觉得我们的家园还是非常特别的。我相信，这是一个“经过设计的太阳系”，是专门被创造出来让高等生物生存发展的。其中有这样一个线索：月球的存在控制着地球自转的速度，而这是地球维系人类生存的关键。如果没有月球的牵制作用，地球的自转速度会进一步加快，旋转而生的离心力将很可能把我们像摊煎饼一样压平。月球的存在也对地球的保护性磁场产生影响，而这是保护我们不受致命的太阳耀斑和其他辐射伤害的关键。非常巧的是，月球的大小正合适，和地球之间的距离也正合适，从而能够创造出完美的日食——月球完全遮住太阳时的情况。月球的直径恰好是2 160英里，正如跟我合作撰写《暗黑任务》的理查德·霍格兰或许会说的，“一个有趣的数字”。既不是2 161英里，也不是2 159英里，而是正好2 160英里。而2 160这个数字又刚好吻合占星学中每个岁差为

2 160 年。有人认为这一切只不过是巧合，月球因为某种随机的行星碰撞被从地球上弹出，或者偶然进入了地球引力的控制范围，然后在这个完美的位置上稳定下来，并在这个位置保护我们、约束我们，甚至影响女性的月经周期。

这一切都很重要，因为正如我前面所说的，这是一个真正的太阳系。除此之外，这还是一个谐波系统，是为了特定目的设定在特定频率的一个系统。按照定义，所有谐波系统都处于两种状态中的一种情况：共振或不和谐。如果一个谐波系统处于共振状态，这意味着该系统的所有部分都能够以同样的频率和最高的效率传输能量和信息，也就是处于和谐状态。如果一个谐波系统处于不和谐状态，这意味着系统的某些或所有组成部分之间存在冲突，为了恢复到和谐状态，所有组成部分必须重新恢复到共振状态。系统不和谐的部分通常也会调整到系统大部分的频率上来，从而尽可能恢复到震动的和谐状态。

我们今天面临的问题是，太阳系一团混乱，也就是说目前处于失调状态。只要略微看看周围的情景，我们就很容易发现这一点。所有围绕太阳旋转的行星基本上都是围绕着太阳的赤道位置，也就是天文学家称为“黄道面”的区域。行星也全都自转，而自转通常是垂直于黄道面，或者说与黄道面成 90 度角，但地球自转时地轴倾斜约 23 度（见图 2.1）。天王星是围绕侧面旋转，与中轴成 90 度。金星的自转是逆向的。由于太阳引力的影响，许多行星的公转轨道应该是标准的圆形（太阳系诞生已有 4.7 亿年），不过实际情况却是椭圆形的（类似于鸡蛋的形状）。事实上，火星的公转轨道非常“古怪”（天文学家的说法），距离地球最近的距离是 3 400 万英里，最远时距离 2.49 亿英里。

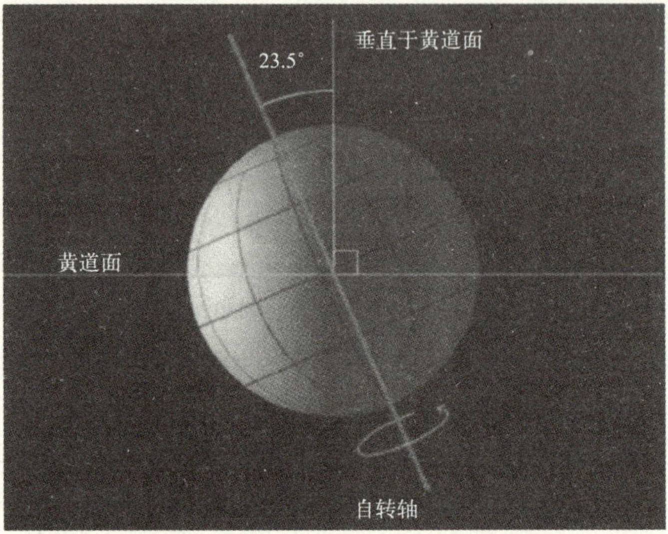

图 2.1　地球的自转轴与太阳的赤道成 23.5 度，由此造成了地球上的四季变化等诸多影响 [绘图：克里斯 · 利利（Krys Lilly）]

因此，当我说太阳系一团混乱时，我的意思是说系统本身存在不和谐，原因我稍后会加以探讨。更重要的是，我们必须让地球重新跟太阳系其他组成部分恢复和谐状态。而在我看来，最好的方法就是首先搞清楚系统变得混乱的原因，这样才能明白该采取何种补救措施。

行星的诞生

根据目前的理论，地球这样的行星都是恒星爆炸形成超新星时残余的尘埃形成的。“星云假说”（谁也没有目睹过）认为，行星是在所谓的“原行星盘”中形成的。由于静电电荷和天体增大过程的影响，恒星星云中微小的尘埃颗粒开始聚积。一段时间之后，星云物质就堆积成一个直径介于 1~6 英里之间的球体。到最后，这些物质集合开始相互融合，组成更大的团块，称为星子（planetesimals）。这个过程继续进行，直到星子增大成为所谓的小行星。不过到这个地步以后，先前的模式开始打破，因为随着不断增长的小行星吸收掉星云——就像庞大的宇宙吸尘器一样——碰撞的次数出现显著下降。这一理论认为，在此之后会出现一系列巧合性的行星碰撞。碰撞不仅没有导致它们分裂，而是融汇成为体积更大的球体，从而最终成为行星。

这种说法听起来可谓言之有理，可惜是错误的。

关键在于，吸积模式存在各种各样的逻辑问题和明显的矛盾之处。除了没人观测过这种现象外，这种模式的最大问题是其本身的复杂性。首先，这种模式的假设基础是一系列不太可能出现的行星碰撞。此外，跟常识相悖的是，它还认为对那些处于形成过程中、急于在太阳系占有一席之地的行星来说，这些灾难性的碰撞（以每小时数千英里的速度）结果最终将是建设性的，而不是破坏性的。除此之外，如果所有的行星都是在同一时间（估计 47 亿年前）开始形成，那么它们应该都差不多大小，可它们却显然大小不一。这也带来了另一个问题。碰撞之后，只有其中一颗行星体积大大超过另一颗，才可能出现“吃掉”另一颗行星一部分的情况。大小和速度相同的行星碰撞后很可能会同归于尽。

幸运的是，关于行星的形成还有另外一种得到各种证据支持的理论，即所谓的“太阳裂变”理论。有些科学家，比如已故的汤姆 · 范 · 弗兰登（Tom Van Flandern）博士，就一直认为这是解释行星形成的唯一可行的模式。在他的著作《暗物质、消失的行星和新彗星》（*Dark Matter, Missing Planets and New Comets: Paradoxes Resolved, Origins Illuminated*）中，范 · 弗兰登博士有力地论证了裂变理论。

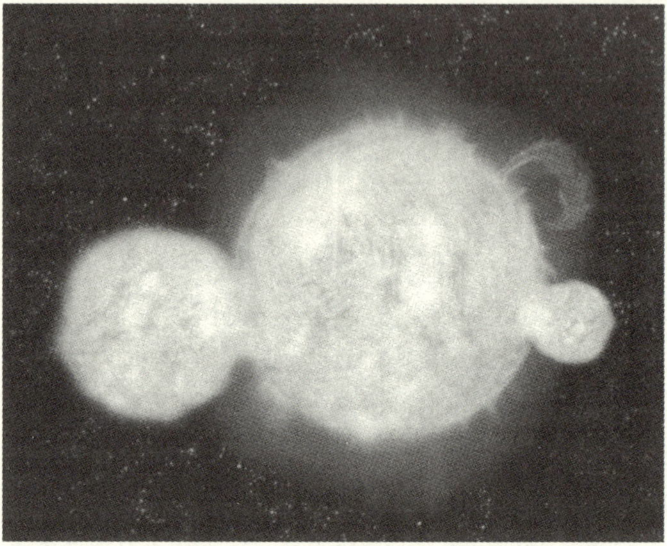

图 2.2　太阳裂变形成行星示意图（绘图：克里斯 · 利利）

按照裂变理论的解释，太阳星云中最大的一块发生分裂并开始核聚变（即转变为星体）后，就开始吸收附近的所有尘埃和气体，规模迅速增长。把所有这些燃料加入到其核熔炉后，它很快就开始旋转，速度非常快，离心力甚至超过新生恒星的引力场。这时候，这颗新星会“变得扁圆”或在中心隆起，太阳能材料于是从新星的赤道地区被抛出来。然后这种材料会以结对的方式向外螺旋发展，首先形成气态巨行星，然后再变成地球这样的“陆地”行星或岩石行星。由于星体是以成对的方式形成的，其角动量（自旋能源）逐渐消耗，星体开始以稳定的周期排放能量，从而形成适合生物生存的行星。由于喷射出的“星体材料”以螺旋状离开母星体，结果它们也派生出自己的卫星，最后找到自己的共振轨道并开始冷却下来。大约 10 亿年之后，整个系统应该就达到了宁和平衡的状态。各个行星的温度都稳定下来。在其中一些适合生命出现的行星，例如金星、地球和火星，水会形成海洋，细菌会开始自己的生命周期，这种优雅的进化过程的最终结果，是这些不断进化的生物最后能在这些星体表面生存，凝视夜空，思索自己的演化过程。

和太阳吸积理论不同，这种理论纵使不能解释全部，也能解释关于行星的多数观测数据，包括那些其他恒星周围的行星。最近对太阳系以外的一批行星——围绕距离相对较近的一些恒星旋转的行星——的观测结果有力地证明，范 · 弗兰登的太阳裂变理论是正确的。从一开始，这些观测结果（始于 1998 年）就让天文学家们感到莫名其妙。他们发现像木星一样庞大的气态巨行星以不可思议的近距离围绕着母恒星旋转。在某些情况下，如果是处于我们太阳系的位置，它们可能就处于水星的旋转轨道中。不仅如此，它们的温度还高得令人不可思议，个别的甚至和它们所围绕旋转的恒星的温度一样高。吸积模型的理论家对此一筹莫展，不清楚这些数据怎么可能是真实的，一开始他们极为困惑，甚至怀疑数据肯定是错误的。

事实上，错误的是吸积模型。我们观测到的，是气态巨行星的早期阶段——刚刚脱离母恒星，仍然处于慢慢地以螺旋式脱离并降温的过程中。按照太阳裂变理论，这些“热木星”的存在完全是合理的，而要解释这些“热木星”的存在，吸积理论就必须加以修正。

太阳裂变理论能解释太阳系中许多原本难以解释的奥秘。比如说，为什么所有的行星都位于所谓的黄道面——也就是围绕着太阳赤道的假想的一个层面上？为什么行星占据了太阳系所有角动量（自旋能量）的 98%，却只占到质量的很小一部分（0.2%）？为什么所有行星公转的方向都跟太阳的自转方向一样是逆时针的？为什么太阳系的行星都组成相对类似的组合（地球和金星，水星和月球，木星和土星，天王星和海王星）？吸积模型无法推测出以上任何一种情况，而按照太阳裂变模式，这些正是理论存在的前提。

除此之外，太阳裂变理论还有着吸积理论根本不具备的一种和谐之美。想一下吧，正如同哺乳动物繁衍后代一样，太阳孕育了行星，还有哪种设想能够比这种理论更具诗意、更妥帖、更优雅呢？按照太阳裂变理论的解释，所有行星都不仅仅是一个联系在一起的机械/数学体系；它们属于一个家庭，太阳是它们的母亲，正像地球是我们的母亲一样。

因此太阳裂变理论的观点是，太阳曾经拥有整个太阳系中的所有自旋能量，只是因为自转速度过于迅速，才开始从中间部位分裂开来。这些炽热的星体团块随后呈螺旋状向外发展，同时吸收更多的碎片，同时逐渐增大，直到进入当前的稳定的公转轨道。根据范·弗兰登博士的解释，体积更大些的气态巨行星（天王星、海王星、土星和木星）也会以同样的方式剥离出更小的卫星，直到它们周围也有自己的小型“太阳系”。这些小卫星也将成对出现，从更大的行星上剥离，然后稳定冷却下来，成为我们如今在木星和土星周围观测到的天然卫星。同样的道理，如果范·弗兰登博士的见解是正确的，那么地球和金星这样的距离更近、更坚硬的“类地行星”将会孕育出一个体积较大的卫星，而不是一批小的卫星。

不错，可谓言之有理，可惜……

哦，首先，我们似乎完全遗漏了一颗行星。暂且不要考虑是否该剥夺冥王星的行星身份，将其打入“矮行星”[1]另册的激烈争论，我刚刚提及的太阳裂变理论忽略了一颗非常重要但却似乎难以界定的行星：火星。不仅如此，还有距离太阳最近的行星水星呢？如果金星符合这一理论提出的模式，那么它的卫星到底在哪里？令人惊讶的是，距离根本不远。

行星爆炸假说

一直以来，范 · 弗兰登博士的太阳裂变理论都面临着主流科学家的反对，争议最激烈的是“成对出现”的概念。有人提出异议，说金星没有任何形式的卫星，木星比土星体积庞大（按照成对出现的模式，应该是反过来），而且火星根本不适合这个模型。然而，范 · 弗兰登博士还有更具革命性的一种理论，按照这种理论，这一切都可以轻松地得到解释，并非通过神话故事或牵强附会的手段，而是通过真实的可以观测的证据证实。这一理论称为“行星爆炸假说”（Explored Planet Hypothesis）。

表 2.1　波德预测的行星轨道空间位置示意图

行星空间位置的提丢斯—波德定律		
行星	**距离**	**定律解**
水星	0.4	0.5
金星	0.7	0.7
地球	1.0	1.0
火星	1.5	1.6
?	—	2.8
木星	5.2	5.2
土星	9.5	10.0
天王星	19.2	19.6
冥王星	30.1	38.8
公式：实际距离 = 0.4 + 0.3 × 2（n–2）		

行星爆炸假说真正的起源要追溯到 18 世纪后半叶。当时天文学家们注意到：所有（当时）已知的行星（水星、金星、地球、火星、木星和土星）都遵循一个有规律的空间排列模式。按照行星空间排列的提丢斯—波德定律（Titus-Bode Law），或简称为“波德定律”，即行星和太阳之间的距离似乎是前一颗行星距离的两倍。用这条简单的原则作为指导，天文学家们很快就发现了一个问题：在火星和木星之间本应当存在第五颗行星的位置却存在着巨大差距。

于是人们开始用望远镜观测这一区域，最终发现了谷神星，一开始大家以为它是被遗漏的第五颗行星，但后来确定它不过是一颗像冥王星那样的“矮行星”。然而，追寻失踪的“第五颗行星”确实导致了另一项发现——这一空间区域布满了成千上万的小行星。结果第五颗行星本应所在的位置就简单地命名为“小行星带”。此后没过多久，亨利希 · 威廉 · 马图斯 · 奥伯斯（Heinrich Wilhelm Matthhäus Olbers, 1758~1840）博士就提出，小行星带是由一颗爆炸的行星的残骸组成的，他把这颗行星命名为“Phaeton”。

但是，相信变化非常缓慢的渐进主义者们却不接受这种观点。他们迅速采取行动，驳斥奥伯斯的观点，在短短几年的时间里，奥伯斯和波德的理论都开始淡出了人们的视野。发现天王星和海王星——和多数内行星一样，这两颗行星也不符合波德的理论——之后，渐进主义者就几乎封杀了科学期刊中关于 Phaeton 或波德的任何讨论。不过这并没有阻止范 · 弗兰登博士。在 1998 年出版的著作中，他又提出了支持波德和奥伯斯理论的新论点。

正如他在《暗物质、消失的行星和新彗星》一书中指出的，抨击波德观点的论据尤其薄弱。如果太阳裂变理论是正确的，那么关于行星空间排列的这样一条规律——指二对一的轨道共振模式——正是我们所期望看到的。以这种方式从太阳喷出的每颗行星都会剥夺太阳的一些旋转能量，这也非常明确地解释了跟太阳相比，行星控制了太阳系中这么多的旋转能量。最早诞生的一批行星无疑距离会最远，旋转速度最快，卫星最多，而且体积最大。从逻辑上讲，他们也将遵循“成双结对”概念，产生的第一颗行星体积最大，第二颗则略小。我们只要简单地看一下行星的情况，就可以明白我们的发现的确非常符合这个模式（谷神星和冥王星这样的矮行星除外）。

如果从外向内看的话，我们会发现，不出所料，海王星的确比天王星略微大些，可是土星却比木星略微小些，这跟上述模式不符合。再往里看，我们就看到了小行星带，随后是火星。因为我们真的不知道小行星带轨道上是否存在着一颗行星，因此也就不知道它的体积，所以拿它来跟火星对比似乎是不可能的。继续往里，我们就看到了地球和金星，他们非常符合规律，地球的体积要比金星大。

因此，乍看之下似乎最多也不过是各占一半。地球、金星、天王星和海王星符合规律，但土星、木星、火星和小行星带似乎属于例外情况。水星和冥王星甚至都没有提及。这是怎么一回事呢？

一方面，这都要看你是如何界定“行星”的。按照所有传统模式，我们的太阳系中有 8 颗行星：水星、金星、地球、火星、木星、土星、天王星、海王星，而谷神星和冥王星仅仅是矮行星，因此排除在外。范 · 弗兰登博士的看法是，最初太阳系有 12 颗行星，现在只剩下 6 颗。我同意他最初有 12 颗行星的看法，但我认为现在还剩下 8 颗行星。按照范 · 弗兰登博士的模型，裂变模式会依次变化：先是成对出现两颗大的行星，然后是成对出现两颗小的行星。最初分析太阳系情况的时候，这一说法似乎是错误的，至少从表面看来如此。但随着分析的深入，似乎就有些道理了。

观测木星和土星时，我们都认为它们是太阳系内最大的行星。但是如果在它们之前还诞生过另外两颗行星——我们一无所知、从没观测到的两颗行星——的话，那么一切都将随之改变。这样一来，在海王星的轨道之外，我们将会假设存在有两颗没被发现过的行星（理论距离分别大致是72.5亿英里和145亿英里）；在小行星带中大致位于现在的火星轨道附近，还有两颗失踪的类地行星。这显然有重要意义，因为那意味着火星不是行星，而或许是一颗更大规模的行星的卫星。

因此，按照距离太阳的远近，最初的太阳系无疑应该是这种安排方式：首先是两颗没有被发现的行星，我会分别称它们为“复仇之星”（Nemesis）和“尼比鲁星”（Nibiru），然后是海王星、天王星、土星和木星，然后是两颗被毁灭的行星，我称它们分别是“Phaeton”和“Maldek”（根据Aetherius协会的命名），然后是两颗内行星——地球和金星。按照我的模型，水星是摆脱了金星控制的卫星，无论大小还是组成都跟地球的卫星月球很相似；火星是Maldek唯一幸存的卫星，谷神星是Phaeton唯一幸存的卫星，其证据只有小行星带的残余物质。冥王星也降格了，因为它不过是摆脱了海王星控制的卫星，仅此而已。

这种解释非常符合大/小变换的模式，也跟波德的法则完全吻合。但是，如果这实际上就是太阳系的原始配置，那么此后到底发生了什么？怎么可能有两颗行星，一颗靠近火星当前的轨道，另一颗位于火星和木星之间，干脆就消失得无影无踪了呢？答案非常具有戏剧性，而且有点可怕。看来奥伯斯的观点自始至终都没错：它们爆炸了。

范·弗兰登博士认为，有许多证据可以证明Maldek和Phaeton这两颗行星爆炸了。一方面，所谓的长周期彗星（以前从未观测到的彗星）来自各个角度和方向，而如果它们是两颗失踪的类地行星中一颗爆炸后的残骸，那么情况就正该如此。传统观点认为，彗星都来自同一个地方——距离比海王星还要遥远的神秘的“奥尔特云”。但如果情况确实如此，那么它们应该都处于所有行星所在的黄道面，因为它们将仅仅是组成最初的太阳系的原始团块的残余。只有在出现爆炸性质的事件的时候，彗星才会从如此众多的角度进入内太阳系。

要证明Maldek和Phaeton在过去某个时间发生了爆炸，还有许多别的证据可以援引，不过我们还是直截了当地涉及主题吧！我们所要做的，就是分析一下火星的情况。

火星根本不是一颗行星，而是更大的一颗行星的卫星，火星表面写满了这方面的证据。正如我和理查德·霍格兰在《暗黑任务》（第9章）中描述的，火星上的种种证据表明：它曾经是个温暖、可以居住的世界，只不过因为一次可怕的爆炸事件的影响，才在一天之内失去了一半的大气，从而遭到破坏。火星的地壳具有二分性，南半球的地壳（在某些地方）厚度要超过北半球20英里，除此之外，我可以引用的最令人信服的证据就是理查德非常简单的说法：火星上也有因为潮汐现象而产生的隆起部分，有两种相差180度的地质隆起。这是一个不折不扣的证明，说明火星曾经跟Maldek处于潮汐锁定状态，就像地球的卫星月球一样始终以同样的面孔示人。Maldek可能就是科学家们现在所谓的“超级地球”，是一颗布满岩石的类地行星，体积有地球的两倍，质量有地球的五倍，但构造活动（地震）更频繁、更不稳定。

火星的公转轨道距离Maldek可能不超过2.5万英里（根据火星上巨大的塔西斯高地和阿拉伯突起判断），曾经是一个蓝绿色的天堂，和地球大同小异，有着辽阔的海洋、河流和山谷以及各种各样的生物。正如我和理查德·霍格兰在《暗黑任务》中阐述的，我相信有足够的证据表明，火星上曾经有过非常先进的文明，不过这完全是另一个问题了。事实上，我强烈怀疑，金星、地球和火星都曾经能够适合高级生命形式生存。

这些行星都位于太阳系中所谓的“生命可居住区域”，这个区域大致与金星和火星轨道之间的范围吻合。之所以这样命名，是因为这个区域温度比较适宜，足以支持含有氧气的大气、液态水以及液态内核的行星的发展，而所有这些成分都是地球上生命存在的关键要素。在我看来，昔日曾经有过一个距离太阳更近些的“地球”（金星）、一个距离太阳更远些的“地球”（火星），再就是我们生活的这个星球。

而如今地球是唯一的幸存者。

必须明确的很重要的一点是：正是行星的数量和它们的自旋能量，决定了我们太阳系总能源的整体数量。如果存在Maldek和Phaeton这样的失踪行星，那么这意味着不仅太阳系的组成和这些行星被毁灭前大有不同，而且目前太阳系的能量要比以往少些。理查德认为，这就是为什么恐龙不再漫游地球，为什么我们当前的大部分动物中没有什么能够哪怕略微接近恐龙的大小的原因。太阳系已经被打乱了。不管因为什么原因，发生了什么事情，我们的太阳系已经发生了改变，因为其物理结构是由系统内的几何构型和总能量驱动的。

这也是地球如今为什么绕地轴转动、为什么旋转轴倾斜23度的原因，也是为什么我们这个星球努力和更大的结构体尽量保持谐波频率一致的原因。我们必须要做的，就是在地球被迫自己调整之前，帮助它恢复共振状态，但要做到这一点，我们必须首先搞清楚真正驱动生命、宇宙以及万事万物的力量。我给你提示一下：答案并不是量子物理学。

The Choice

Using Conscious Thought and Physics of the Mind to Reshape the World

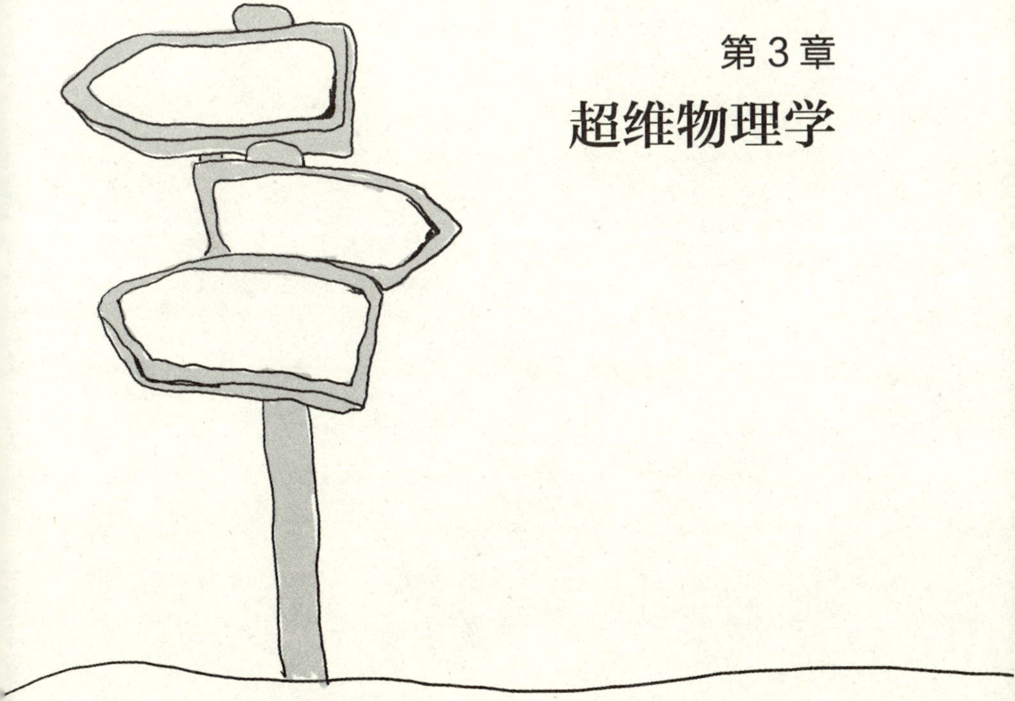

第3章

超维物理学

The Choice

Using Conscious Thought and Physics
of the Mind to Reshape the World

有一种比学校讲授的物理学理论更新、更完善的理论，这话说说是一回事，要加以证明就是另外一回事了。不过在花费了15年以上时间查阅各种观点之后，现在我确信有一种更合乎逻辑、更有机、更和谐、更具有普适性的“万物理论”。正如我将在第4章中阐述的，这种理论并非量子物理学或相对论物理学，或我们在世界各地的大学中学到的任何其他理论。宇宙运转的规律似乎属于一种称为“超维物理学”（Hyper-Dimensional Physics）的理论。

20世纪90年代初，在理查德·C·霍格兰的大作《火星上的纪念碑》（*The Monuments of Mars*）中，我第一次结识了关于宇宙运作的超维物理学模型。这个术语源自一个非常简单的观点：我们在这个宇宙中看到和体验到的一切能量实际上都源自另外的地方——来自我们可以观察的三维世界之外的领域。派生出“超维物理学”这个术语的“超空间”（hyperspace）这个词是在1854年由德国数学家格奥尔格·黎曼（Georg Riemann）创造的。他撰写了第一篇真正描述四维空间组成的数学论文。从此以后，至少在科学界的语言中，更高的维度就被统一称为“超空间”。

正如我和理查德在《暗黑任务》一书中阐述的：

> 超维模型的理论基础是，更高维度的空间不仅存在，而且还是我们的整个三维现实存在的基础。除此之外，我们观察到的三维世界中的一切其实都受到更高维度上基于数学模型的“信息传递”的驱动。这种信息传递可能仅仅是一个有关联的整体集合变化的结果，比如木星或地球这样的行星轨道参数的变化。在我们生存的三维宇宙中，由于我们的感官受到了局限，我们不能“看到”这些更高的维度。然而，我们可以看到（甚至衡量）对现实世界同时有影响的这些更高维度中的变化。根据定义，更高维度中这种几何结构的变化在我们的三维宇宙被视做是“能量输出”……

换句话说，如果行星、恒星甚至整个星系改变彼此之间的相对位置，那么这些动作会在难以感知的更高维度造成“力量的震颤”。因为这些共振波并不像固定的光速那样受到我们有限的三维空间“法则”的限制，它们会（而且无疑确实）在遥远的距离之外对我们的宇宙产生影响——而且是即时的影响。单单这一种观念（远距离即时影响）本身就已经彻底颠覆了我们所有现存的现实模型，而你会发现，所有现实模型都是以科学家们不得不遵循的非常不够全面的“物理学法则”为基础的。

让我看看，能否找到更简单的一种方法来解释这一切。

孩提时代，我们很多人都做过用放大镜来炙烤蚂蚁的事情。长大成人后我们再也不做这种事情了，可是孩子们却不会总是这么乖。这个游戏的关键在于，蚂蚁感受到的是源自太阳的热能，只不过孩子手中的放大镜发挥了聚光作用。由于感知能力有限，蚂蚁看不到拿着放大镜的男孩，看不到放大镜，甚至看不到太阳。而且即使它能看到这一切，它也不可能明白这其中的缘由，不可能明白这些东西怎么会让它感觉越来越热。但是，就像处于三维世界中的我们一样，凭借有限的视觉频谱和有限的视觉、听觉及味觉感官，蚂蚁的确能够感受到热能，甚至可以通过在放大镜加热的区域四下移动来衡量热量的变化。同样的道理也适合我们人类。虽然我们未必能察觉到更高级的空间维度或能量的来源，但是我们可以在地球上测量能量的影响，虽然地球只不过是更博大的超维空间里的一个小小子集。

在《火星上的纪念碑》一书和更早的一篇题为“塞多尼亚的信息”（*The Message of Cydonia*）的文章中，霍格兰和合作研究者埃罗尔·托伦（Erol Torun）提出，火星上类似古代遗迹的某种数学排列（对，我也说过）似乎表明：宇宙中存在未知或以前没有发现过的某种力量。这种力量在太阳系中到处留下了明显的标记，标记形式就是在几乎所有主要行星的纬度19.5°附近发现的能量流。海王星上的大黑斑、木星上的大红斑、木星的卫星木卫一上喷发的火山、火星上的奥林匹斯山（太阳系中最大的盾形火山），以及地球上夏威夷附近的莫纳克亚火山都位于纬度19.5°或附近的位置。后来他们意识到，这些能量流的位置都取决于一个切割的四面体——基本就是一个由球体环绕的四面体金字塔——的结构。[1]

从这个数字线索，霍格兰和托伦又追溯到了麦克斯韦的早期研究，并且发现还有一批称为“拓扑学家”的离群数学家。他们发现，这些拓扑学家已经作了大量的理论研究，希望描述一个旋转的“超球”——以超乎我们正常的三维空间形式存在的一个球——的数学属性。描述这个“超球”和它上面的多重（26）维度的数学公式非常复杂，只有接受教育程度最高的数学爱好者才能理解。但是数学公式也表示，这个球体高层维度的标志在这种原始的三维状态也可以观测得到。如果超球处于旋转状态（记住：宇宙中的万事万物在任何时间都在旋转），那么数学公式就要求被描述对象具有翻滚扭动动作，酷似观测到的木星大红斑的旋转动态，也会在三维世界的一个具体位置留下标记：纬度 19.5°。

换句话说，如果你选择一个球体——比如一颗行星——并让其旋转，那么你会从该行星的高层面抽取能量，这种能量很可能按照由球体包围的四面体结构那样会从行星内部涌出，从而大致在纬度 19.5° 的位置出现。这正是霍格兰和托伦在整个太阳系观测到的现象。随着他们对公式研究的深入，他们发现四面体的意义甚至不止于此，它正是我们所居住的三维宇宙世界的所有物质的基本组成部分。事实上，世界各地的视频游戏程序员都用四面体结构来设计所有游戏中的三维物体，因为这是在三维世界中设计固体最简单的方式。被球体切割的四面体也有某种平衡意义，因为四面体是所有几何形式中最简单的（所谓的“柏拉图立体”），而球体是最复杂的。

让我们略微再进一步看看。如果所有旋转的事物（记住：是“所有的”）都释放能量，那么这些能量组成的力量实际上会不会可能以某种方式相互作用呢？行星旋转产生的这些能量波会不会可能对我们地球上的三维世界产生某种影响呢？这是一种很有趣的想法。要是我们能有办法证明一下就好了，对吧？嗯……

20 世纪 50 年代，美国无线电公司聘请了一位年轻的工程师，名叫约翰·尼尔森（John Nelson），他的工作内容是为了提高地球上短波无线电通信的可靠性。当时无线电传输是长途通信的关键，因为高频率的信号会被弹回地球的电离层——位于高空大气和地球磁场之间的一层带电原子。美国无线电公司之所以要求尼尔森开展研究，是因为他们已经注意到：随着太阳黑子周期（首先是太阳辐射“电离了”电离层）的变化，短波无线电传输的质量差别很大。他们发现，在太阳黑子活动高峰期之间的平静期内，短波信号更加可靠。[2]太阳黑子周期越活跃，太阳的磁场对短波无线电传输的干扰就越强烈。[3]研究开始后，尼尔森很快便发现，无线电干扰的波动不仅受到太阳黑子周期的影响，而且受到太阳系各大行星运动的影响。所谓的气态巨行星（木星、土星、天王星和海王星）在公转轨道中的相对位置似乎对信号的影响最为强烈：

> 值得一提的是，1948 年木星和土星的夹角为 120°、太阳活动最强烈的时候，无线电信号的平均水平远远超过 1951 年，那一年木星和土星的夹角是 180°、太阳活动明显减弱。换言之，无线电信号的平均质量曲线与木星和土星的周期曲线一致，而不是与太阳黑子活动的周期曲线保持一致……[4]

因此尼尔森的结论是，虽然太阳黑子活动确实对短波无线电信号的质量有影响，但是行星在公转轨道中的位置（尤其是大型气态巨行星）对信号的影响要大得多。在当前这个时代，这种现象或许不会真正让你觉得惊异，但问题是：传统的主流物理学理论中根本没法解释这种现象。重力理论无法解释，磁场理论也无法解释，由于跟太阳和地球距离遥远，这些行星的重力影响可以忽略不计。虽然木星、土星、天王星和海王星无疑体积极为庞大，而且我们也知道，物体的质量越大，其引力场也越大，但是因为距离遥远，所以它们的影响几乎没有什么。[5]虽然太阳产生的磁场对地球的电离层明显会有影响，从而导致无线电信号质量的起伏（美国无线电公司证明了这一点），但是距离遥远的气态巨行星的磁场影响就太微弱了，不可能产生影响，尤其不可能产生比太阳的强大磁场更有力度的影响。因此唯一的结论就是，在某种程度上，通过某种方式，行星在遥远的距离之外影响地球上无线电波的质量，而这种方式还有待于我们去进一步探讨。

当时物理学界的主流人士无法解释（现在仍然如此）的那些问题是：这种力量会是什么？这种力量是如何在空间中传播来影响太阳黑子和相应的磁场活动的？如果排除重力和磁场，还剩下什么？哦，几乎就没有什么了，至少按照传统的理论模型是如此——除了电力之外。不过我们可以把电力排除在外，因为如果没有电磁等离子体这样的导体，电力不可能在空间中传导，这是一种很罕见的现象。因此在没有任何其他可能的解释的情况下，要解释这一强大能量在太阳和其他行星之间传输并引起磁暴上升（你猜得很对）的方式就只有一种了——更高的维度。

按照超维模型对现实的解释，这种远距离的即时交互作用不仅是必然的，而且是整个概念的有机组成部分。如果产生能量只需要旋转某种东西，那么这也就意味着万事万物都在产生能量：植物、树木、动物、岩石、人类——甚至（尤其是）整个行星都是如此。观测那四颗气态巨行星（还是指木星、土星、天王星和海王星）时，我们发现它们产生的能量确实超过了其他行星的总和，只不过这是现代物理学家和天文学家还没有判别出来的一种能量而已。

正如我们先前讨论过的，太阳占太阳系质量总数的99%。如果目前广为接受的“物理学定律”是正确的，那么这意味着太阳肯定也是太阳系中最具影响力的天体，因为它引力最大，电磁能量最多。但是，如果这一假设是正确的，那么尼尔森的实验结论就应该是太阳磁场的活动对无线电信号的影响最大。可是他的研究结果却是行星似乎更有影响力，而这正是超维现实模式情况下可能出现的情况。至于实现这一点的途径，则是通过我们此前讨论过的某种东西，一种称为“角动量”或自旋能量的能量来源。

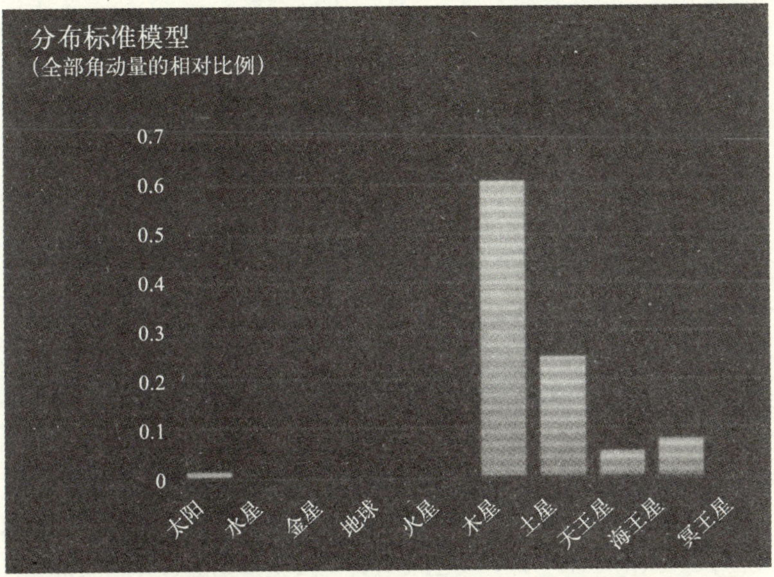

图 3.1　太阳系全部角动量的 98%属于气态巨行星，即木星、土星、天王星和海王星（绘图：克里斯 · 利利）

事实证明，木星的质量只占太阳系总质量的不到 1%，但却莫名其妙地占有大约 69%的角动量。而太阳虽然占有太阳系总质量的 99%，却只有大约 1%的角动量。实际上，木星、土星、天王星和海王星这四颗行星占整个太阳系角动量的 98%以上。在范 · 弗兰登博士看来，这显然是因为它们是在太阳裂变过程中由太阳“孕育”而出的结果。就像宇宙中一位伟大的母亲一样，太阳孕育了所有的行星，也把自身的大多数自旋能量给予了这些行星。最大的行星（气态巨行星）得到的自旋能量最多，地球及其他较小的类地行星得到的自旋能量少些。到最后，这个过程就导致太阳平静下来，旋转减慢，放射出致命的太阳耀斑的次数更少，燃烧更加平静、稳定，从而创造出我们前面谈到的“可居住区”——人类这样的高级生命可以生存的区域。这确实是一种美妙、和谐、平衡的万物生成观，其完美和优雅几乎具有诗意一般。

所以我要请你回答一个问题：哪种观点更合理？是太阳孕育了我们看到的万事万物，至少在我们所在的宇宙这个小角落里，还是就像吸积模型提出的，万事万物都是随机的组合？对我来说，我选择美。我选择我们都是非常宏大、非常漂亮的太阳系大家庭成员的观点。

好了，咱们再回到物理学。

有意思的是，这四颗行星还有另外的独特而有趣的一面，这跟自旋能量相当于热量这样的其他类型能量这一观念有关。在太阳系中，只有木星、土星、海王星和天王星这四颗行星辐射出的热能超过它们从太阳那里得到的热能。不知什么原因，它们的活动方式就像小恒星一样，发出所有传统模型都无法解释的能量。[6]

而按照同样的常规物理模型，自旋能量根本不成气候，至少在行星之间的相互作用方面是这样的。但正如我们先前了解到的，正是因为旋转才创建了一处门户或途径——不管你如何称呼——从而便于能量进入我们的宇宙。对我来说，当时尼尔森发现这四颗自旋能量最大的行星对太阳的影响最大是毫不奇怪的，但是尼尔森的发现产生的意义远远不止如此。

2008年，澳大利亚天文协会发表了3位天文学家合作撰写的一篇论文，题目是“太阳与类木行星的自旋轨道耦合制约太阳活动周期吗？”（Does a Spin-Orbit Coupling Between the Sun and the Jovian Planets Govern the Solar Cycle?）。[7]文章声称，他们发现了太阳赤道地区的旋转与太阳围绕着太阳系轨道重心（不妨把它看做重力的中心）旋转轨道之间的关联。他们还进一步指出，“这种同步性表明：类木行星和太阳之间存在着一种轨道耦合机制。”简而言之，这意味着实际上控制太阳黑子周期的太阳、木星和土星之间存在某种同步或共生关系。话又说回来，传统物理学观点对这种关系绝对没有任何解释。实际上，这 3 位天文学家在该论文的摘要部分也承认了这一点：“但是，我们对这种耦合现象也无法提出一个合理的深层次物理学根据……”[8]

因此，这一发现甚至超越了尼尔森的结论：即行星只不过对地球上的物理现实有一定的影响。澳洲天文学家的论文表明传统物理学实际上本末倒置了：太阳并不具备支配地位，虽然它体积庞大、重力和磁场影响深刻；行星是太阳系的主导力量，因为它们拥有几乎所有的（超维）自旋能量。

所以简而言之，是尾巴摇狗，而不是狗摇尾巴。最重要的是自旋能量，而不是重力。不仅如此，而且行星和太阳是由某种无形的力量联系在一起的，这种力量还会以看不见的方式在宇宙的虚空中传播。当然了，我们已经知道这种看不见的力量是如何传播的：它通过此前我们谈论过的高维“以太”传播。这样一来，似乎我们可以在甲处有原因，同时在乙处有结果。同时，这还给人一种错觉，似乎这种看不见的力量穿越辽阔的三维距离的速度要超过光速，但实际情况却并非如此。真实情况是，影响是由三维空间的因素造成的，比如木星与太阳呈 120 度角。这会在更高的维度造成波澜，就像池塘里的涟漪一样，波澜会通过更高的维度影响到太阳，然后太阳会作出某种反应，也许会发出中等规模的太阳耀斑，而原因和结果似乎是同时出现的，因为“波纹”不会以肉眼可见的方式通过两者之间的距离。所以虽然在三维空间中没有任何事物的速度能够超越光速，但并不能排除在四维（甚至更高维度的）空间中出现这种情况的可能性。

天文学推动占星学

关于尼尔森的研究（以及后来的其他研究）更有趣的一个方面并不是因为发现行星对太阳的能量输出有影响，而是在于它们产生影响时的具体几何构型。1951 年发表在《时代》杂志上的一篇文章是这样描述的：

> 尼尔森研究了美国无线电公司设在纽约里弗黑德的接收站的记录，希望发现磁暴和行星位置之间的某种关联。他发现，多数磁暴发生时，有两颗或更多的行星处于他所谓的“组态”位置：也就是与太阳呈 0°、90° 或 180°。“组态”涉及的行星数量越多，磁暴可能就会越严重。比如在 1946 年 7 月暴发的大磁暴过程中，3 颗行星（地球、木星和土星）处于“组态”位置，而另外 3 颗行星（水星、金星和火星）也处于一种“重要关系”状态。[9]

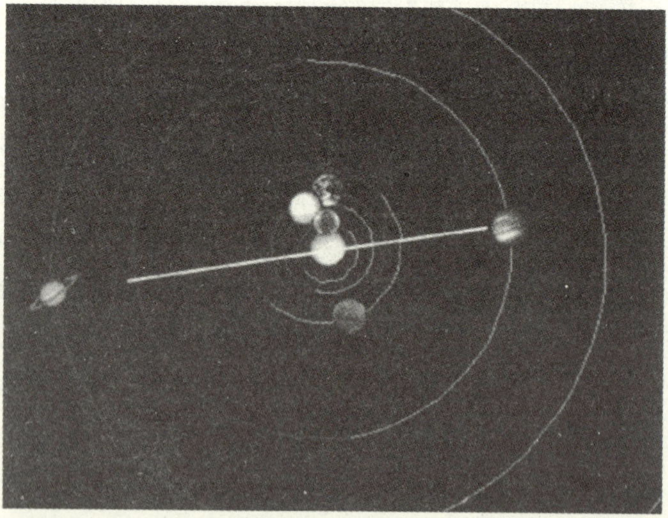

图 3.2　2010 年 12 月 21 日，木星和土星所处的对冲位置（相对太阳而言）

该研究结果立刻引起我的兴趣的一个方面是：尼尔森所谓的“组态”正好等同于占星学中所谓的“特定相对位置”。比如，如果两颗行星跟太阳排成一条直线，也就是说呈 180°（星相学中所谓的“冲”），或者呈 90°（所谓的“刑”），那么就会出现严重的磁场干扰和磁暴。相反，如果两颗行星呈 120°（称为“拱”）或 60°（所谓的“半拱”），那么太阳活动的活跃程度会明显降低。尼尔森声称，利用这套系统，他能以 90%以上的准确率预测行星对太阳活动的影响。

引人瞩目的，正是这种种不同的“相对位置”在星相学中代表的意义。

“冲”就是其字面意义的体现，指的是两颗或多颗行星在天空中直接相对（从观测者的角度看），被视做是一种“紧张的”相互关系，意思是说会导致相关的两颗行星之间有直接冲突。“刑”有些类似，但冲突不这么激烈，因为直接相对的位置已经变成了呈 90° 角排列，不过这也是一种“紧张”的关系，两颗行星（以及它们的象征层面）之间更可能出现摩擦，而不是直接的冲突。另外两种组态——“拱”和“半拱”——是和谐的相对位置，是万事万物处于平静和谐的稳定状态。

因此，尼尔森的研究发现就是：这些天文状况——例如两颗行星呈 90° 或 180° 的角度——恰恰和它们的占星学意义相关。“冲”和“刑”会导致太阳出现严重的磁暴，而“拱”和“半拱”则让太阳处于稳定状态。[10] 我发现，这一结论的影响着实令人吃惊。

它的意义在于，不仅占星学是真实可信的——长期以来的一些占星学假想都可能跟现实世界相关——而且它还受到了天文学的推动。行星在沿着轨道绕太阳公转的过程中，它们之间不断变化的相对位置和排列组合方式会改变太阳系其他区域的物理状态。

蒂普·奥尼尔（Tip O'Neill，美国众议院前议长）曾打趣说："一切政治都带有地方性。"尼尔森的研究和超维物理学表明：一切物理学也都带有地方性。尽管影响可能非常微弱，但现实情况是，物理学本身的定律，比如时间的推移和光的速度等，在每个不同的星系中也应该存在差异，因为每个星系都有特定的行星、恒星、轨道关系和自旋能量方面的组合。

到这个阶段，我们还必须探讨一下另一方面的意义。请记住：占星学的所有概念有一个根本出发点，那就是行星不仅会影响我们的物理现实，还会影响我们的实际意识。它们会驱动人类的生活朝着某个方向发展，在我们的人生道路上设置一些选择和机会，让我们来决定自己的命运。尼尔森的研究恰恰证明了这一点：行星的确影响我们的生活、经历、情感状态，甚至还会影响到我们的命运。

人类的大脑只是一个复杂的信号发送器，比任何计算机都更为迅速和复杂。我们的大脑把信号输送到体内，也以脑电波的形式发送和接收信号。真实情况非常简单，尼尔森研究的短波无线电信号和人类大脑的神经信号——表现为人类的思想和情感状态——根本没有差别。无线电波信号是呈波状，你的思想和感情也是如此。

但问题是，如果无线电波会受到行星运动和位置变化的影响，那么我们的脑电波也会如此。毕竟它们只不过是不同类型的电磁传输而已，从理论上讲同样容易受到行星的影响。

既然如此，那么被科学界轻松地抨击为伪科学的星相学难道说不会有一定的现实基础吗？甚至还不止如此，难道不是由此可以证明我们都有灵魂或更高层次的自我吗？不管怎么说，如果宇宙中的所有事物都产生能量，而所有的能量都来自更高的维度，那么作为一种电能存在的我们的思想，是不是也应该来自更高的维度、更高的层面呢?

误打误撞，尼尔森偶然发现了解释生命中一些最不可思议的奥秘的关键。他开展的研究可以，而且的确成为了后续研究的基础，从而能够以实验手段，通过观察、测试、逻辑分析和演绎推理，证明我们都通过以太跟更高维度的自我联系在一起。此外，他还提供了一个基础，让我们可以理解人类的行为，理解为什么在人生的某个阶段似乎万事皆如意，而在其他阶段却又面临重重险阻。

好吧，我很清楚，这一切听起来似乎都很完美，但前提是你能相信，对吧? 毕竟我只是一名工程师，而不是物理学家，所以你为什么要舍弃史蒂芬 · 霍金和加来道雄（Michiu Kaku）这样的科学界牛人而来相信我呢? 下面就让我来给你解释一下吧。

The Choice

Using Conscious Thought and Physics of the Mind to Reshape the World

第 4 章

物理学“定律”

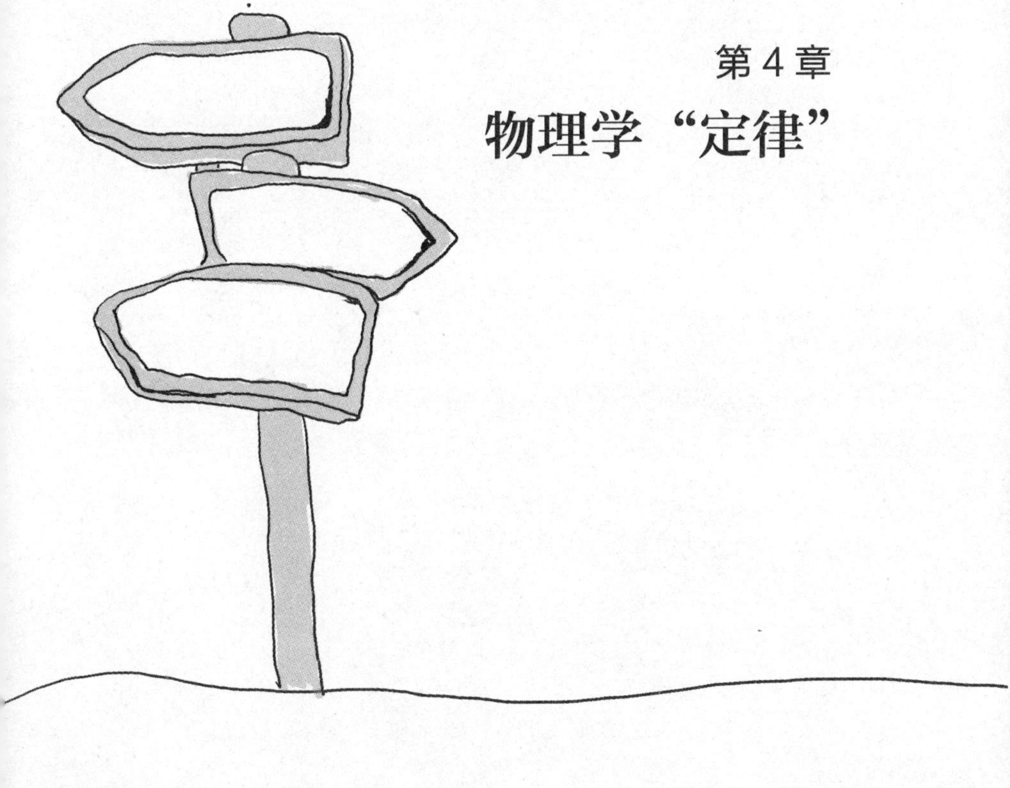

The Choice

Using Conscious Thought and Physics of the Mind to Reshape the World

即使不密切关注科学的发展或航空航天局的工作，多数人也对我们所在的宇宙的本质有些好奇、有些认识。如今在观看《奥普拉脱口秀》、《观点》甚至晚间新闻时会屡屡发现话题涉及形而上学的某些方面。我相信，虽然不是我们所有人都非常希望去深入了解宇宙方面最近那些辩论的令人生畏的详情，但在一定程度上，我们大家都很好奇，至少在有限的范围内非常好奇。

多少世纪以来，从例如古埃及和苏美尔文明那样最早的人类文明时期开始，人们一直在探讨上帝创造世界的本源问题。这种探讨产生了古代一批伟大的哲学家，例如柏拉图和亚里士多德，而他们的冥思反过来又促进了物理科学的诞生。就本质而言，尽管牵涉复杂的计算，物理学也不过是一门理解万事万物的组成以及它们是如何组成客观现实的科学，仅此而已。近年来的一种流行观点认为，我们已经搞清楚了一切，已经几乎没有任何奥秘还未得到揭示。这可谓是大错特错。

现代主流物理学实际上有三个主要的支柱性人物：牛顿（牛顿的运动定律）、爱因斯坦（相对论）以及德国物理学家马克斯·普朗克（Max Planck，创立了粒子或“量子”物理学）。现在有一种称为弦理论的流行新理论，但实际上它只是带着主流外表的超维物理学。

如果把这三种关于宇宙的物理学模型放在一起，我们就会发现一个简单的事实：任何一种模型都无法解释我们看到的周围的一切。牛顿的理论天衣无缝，但条件是不涉及旋转；爱因斯坦的相对论在两维空间和更多的维度上有解释力，但是不适合亚原子层面。量子力学也很有道理，但是你在方程式中不能包括重力因素。很简单，全部三种支柱性物理学理论都带有致命的缺陷。

牛顿运动定律

艾萨克·牛顿爵士（1643~1727）的确是西方世界第一位重要的物理学家。他的杰作《自然哲学的数学原理》（*Philosophiae Naturalis Principia Mathematica*）提出了他的“三大运动定律”，希望用数学术语来解释重力和动量（惯性）的规律。简而言之，他的三大定律就是：

1. 运动中的物体始终会处于运动状态，除非受到外力的作用。

2. 物体的加速度跟所受的外力成正比，跟物体的质量成反比（力等于质量乘以加速度）。

3. 物体间的作用力与反作用力总是大小相等，方向相反。

牛顿的运动定律无疑是现代物理学的基石之一，如果有人提到“物理学定律”，通常就是指牛顿的运动定律，但真实情况是，牛顿的定律成立必须满足一定的前提条件。大致说来，运用牛顿定律时，被衡量的物体不能处于旋转状态。这可以说是个大问题，因为几乎所有的事物（如果不是全部时间）都经常处于旋转状态。

比如说，不管身居何处，阅读这句话的时候，你和你体内的一切都在旋转。你可能会认为你是安安稳稳地坐在安乐椅或长沙发上，但并非如此。你处于旋转状态。在你的体内，电子在围绕着每个原子的原子核旋转。地球本身也在绕着地轴旋转。地球还在绕着太阳旋转。太阳在围绕着银河系中心的一个巨型黑洞旋转，而太阳系似乎在围绕着一群被称为银河星团的天体旋转。因此，要让我认同无法解释旋转因素的物理学“定律”很有难度。

此外，这些年来，有几十位非主流研究人员已经进行了无数实验，证明牛顿的三大定律都是错误的。已故的布鲁斯·德波尔马[Bruce DePalma，他的哥哥是著名的好莱坞导演布莱恩·德波尔马（Brian Depalma）]1958年从麻省理工学院毕业后就开始了科学生涯。在研究生阶段，无论是在麻省理工学院还是在哈佛大学，德波尔马研究的都是电气工程。研究生毕业后，他曾经为美国最负盛名的一些科学家和科研机构工作过一段时间。

在职业生涯的早期阶段，德波尔马迷上了旋转磁化陀螺仪的神奇属性。不幸的是，涉足这种神秘的物理学领域令他遭到了学术界一些人的蔑视，在密切关注美国科学界20年后，德波尔马最终厌倦了他们的做法，决定辞职。从20世纪70年代开始，因为可以自由地发展自己对旋转日益增长的兴趣，德波尔马开展了这一领域最详尽的实验研究，直到1997年意外去世。在他所做的许多旋转实验中，最直截了当也最深刻的一次实验就被简单地称为“旋转球实验”。

从构想的角度来说，可以说再也没有比这个实验更廉价更容易的方式了。把两个直径1英寸的钢球——就像老式弹子机里面的那种球——放在一个实验台上。让其中一个球逐渐达到每分钟2.7万转的速度，另一个球放在一个不旋转的容器中。旋转的球达到每分钟2.7万转的速度后，德波尔马就把两个球从实验台以同样的力量迅速弹出到空中。这样一来，两个球——一个旋转，一个不旋转——就按照同样的方向从所在的容器中向上飞出，而且向上的力量相同（“因为每一个作用力都有一个大小相等、方向相反的反作用力”）。

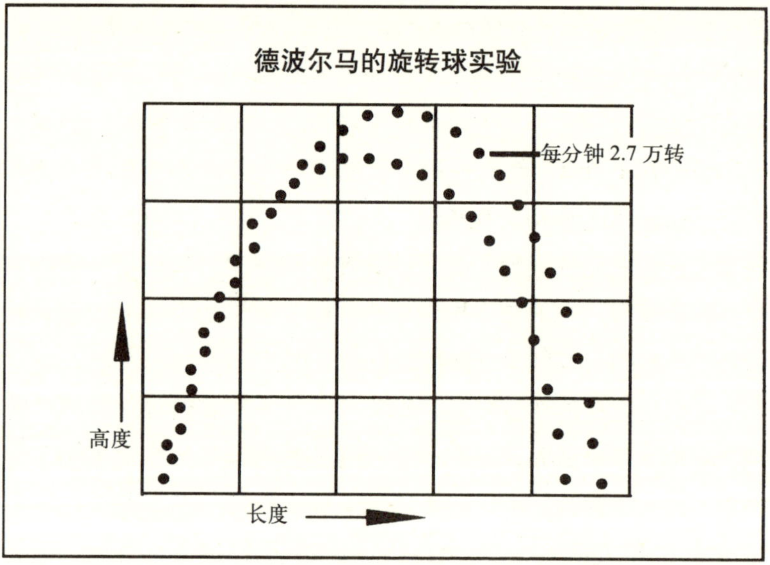

图 4.1　德波尔马的旋转球实验（绘图：克里斯 · 利利）

实验结果却让牛顿的第三运动定律为之动摇。跟不旋转的球比起来，旋转的球上升较快、飞得更远、降落得更快（与“每一个作用力都有一个大小相等、方向相反的反作用力”的定论形成鲜明对照）。

事实非常简单：依照公认的物理定律，德波尔马所做的这个实验尽管重复了一次又一次，是根本不可能的出现。不知出于什么原因，不知通过什么方式，单纯因为旋转钢球就已经给它增加了能量，从而可以小规模地降低重力的影响。而德波尔马随后所做的实验最终也推翻了牛顿的另外两个定律。

爱因斯坦与相对论

牛顿之后物理学的另一个重大突破是阿尔伯特·爱因斯坦 1905 年在他的论文《论动体的电动力学》(*On the Electordynamics of Moving Bodies*)中提出的相对论。实际上，有两种相对论：狭义相对论和广义相对论。

爱因斯坦的狭义相对论对牛顿的经典力学提出了许多修正，结果也是褒贬不一。狭义相对论涉及的是所谓“时空”的结构，这一数学模式把时间和空间结合到了统一的架构中。在爱因斯坦看来，时空是我们生存的物理世界，包括三个空间维度（长度、高度和宽度）和一个线性的时间维度（也就是说，时间以直线的方式从过去延伸到现在再到未来）。把时空联系在一起的源头在于：光速（每秒 18.6 万英里）是任何能量、物质或信息传播的最快速度。如果超过这一速度，那么就会破坏基本的因果关系。换句话说，没有原因就不可能有结果，或者如果时间不够光完成某段距离，就不会有结果，因为如果能做到这一点，那么宇宙就会分崩离析，处于严重的逻辑悖论中。解释主流观点的最佳途径，就是像卡尔·萨根（Carl Sagan）博士在《今夜秀》节目中给约翰尼·卡森（Johnny Carson）解释的那样：“我们不知道光速是不能被超越的，我们只知道如果光速可以超越，那么有许多事情可以得到更好的解释。”

不过请记住，确实没有任何证据表明光速是不可被超越的，而且有许多证据表明它是可以被超越的，而且宇宙并没有因此而分崩离析。不仅有我前面提到的克利夫·巴克斯特所做的实验，而且还有许多其他的物理学论文证明宇宙中并没有速度限制。

2008年，日内瓦大学的物理学家做了一个实验：他们把两个“纠缠的”光子（光粒子）分离开来，然后通过光纤电缆传送到相距11英里的两个村庄Satigny和Jussy。刚到目的地，研究人员就发现，两个光子[1]不仅在某种程度上保持着联系，而且这种联系发生的速度要比光速还要快10万倍。震惊之余，科学家们评论说，两个光子根本没有时间来互相联系——除非它们之间有某种“科学家尚未搞清楚的”关系。[2]（嗯，或许就是“以太”那样的东西？）

广义相对论是爱因斯坦后来进一步发展的重力理论。他之所以创立广义相对论，是因为以“处于自由落体”状态的物体开展实际实验时，经典力学就难以解释了。因为问题在于：观察发现，处于自由落体状态——物体只受重力影响——的物体相对于其他物体而加速或减速。这完全违反了牛顿第一定律：“运动中的物体始终会处于运动状态，除非受到外力的作用。”如果重力是唯一的影响力，那么在没有磁力或气态或已知学术上接受的力影响的情况下，处于自由落体状态的物体怎么可能会受到其他物体的吸引呢？

牛顿理论几乎就是所有现代物理学的根基，为了尽全力弥补他的理论缺憾，爱因斯坦提出：时空本身肯定是扭曲的。他认为，真空中的物体“下落”时测量不到任何外力是因为空间本身是扭曲的。似乎就像一个球体从山上滚下的情景，虽然没有人推动，也没有重力把球体从山上拉下来。这种观点的唯一问题在于，据我们所知，或者说至少就主流物理学家愿意承认的程度来说，这种行为只能是重力或磁力吸引的结果，而这两者都是可以测量的力量，而且他们都确信实验过程中并没有重力或磁力影响实验对象。

你该看到这一切是多么荒谬了吧？爱因斯坦的主张是，因为物体大致都是不以常规方式运动，那肯定是因为空间本身是“扭曲的”，不可能是因为其他原因。居然会有来自更高维度的某种外力通过“以太”影响它们，可能吗？

如果你现在感到一头雾水，我不会怪你，不过下面的内容会更让你感觉费解。

除了根本没有任何证据（将来恐怕也永远不会有）证明空间本身是扭曲的之外，相对论最大的问题在于，这一理论在宏观层面非常有解释力，但在微观或亚原子层面就不那么完美了。[3]要解释比原子小的粒子[4]的运动，就必须创立一门新的“量子力学”或“量子物理学”理论。用最简单的话来说就是，量子物理学认为，在亚原子的层面没有任何事物可以真正观测或相信，因为一旦你观测到某个微小的粒子，粒子的性质就因为你的观察而发生了改变。

居然这样？

或类似于此。你看，没有任何人，甚至包括物理学家在内，真正清楚量子物理学，因为你基本上可以想怎么说就怎么说。事实上，加州理工学院著名的物理学家理查德·费曼（Richard Feynman）1965 年曾经说过：“我想我可以很有把握地说，没有人理解量子力学。”听到自己并不孤立感到很高兴，对吧？

而且，除了讲不通之外，量子力学的成立条件是你在数学方程式中排除重力因素。

因此，咱们不妨就直说吧：牛顿运动定律成立的条件是物体不旋转，爱因斯坦的理论不能应用到原子以下的层面，而量子物理学理论有效的前提是排除重力因素。尽管如此，大学教授、学者甚至科学人比尔·奈伊（Bill Nye）这样的杰出之士却都敢一本正经地给我们讲解“物理学定律”。

现在明白你为什么多年前就对科学产生绝望，开始自己寻找答案了吧？

暗物质和逻辑混乱

这里我不想过分夸大，不过近年来，情况变得更糟糕了。随着宇宙学家（你肯定还记得，就是把心思花在考虑宇宙起源问题上的那些人）对遥远的星系观测的增加，他们开始注意到了一个问题：没有足够的引力来把宇宙万物聚集在一起。事实上，聚集宇宙万物的引力有70%的缺口。

明白了吧，问题在于所有的固体——岩石、人体、行星、恒星，等等——都是由所谓的重子物质组成的。[5]重子物质主要是由原子组成的，也就是固体的东西。物质都具有质量、重量等等属性，这是形成引力的必要条件。虽然没有人能说清楚重力实际上是什么，但我们已经明确了质量和引力之间存在某种关系。物体的质量越大，引力似乎也就越大。所以理所当然的结论就是，像星系这样的庞然大物要聚集在一起，其中就必须有众多庞大的天体，比如恒星和行星，来产生这所有的引力。可是在观测的过程中，天文学家们发现，在可观测的宇宙中，并没有足够多的物质来解释把所有星系成分联系在一起的引力。物理学家们作出合理解释的唯一方法，就是得出这样结论，说存在某种未知的外部力量把所有事物吸引到一起。问题是这种“外力”肯定需要来自某个外部区域，比如说，你知道的……第四个物理维度。

而这种观点是他们绝对不可能接受的。

那么，所有这些物理学家、宇宙学家甚至科学人比尔·奈伊等等会如何应对呢？难道他们都聚在一起，一直认为所有的“物理学定律”只不过是个大笑话，然后重新开始做起吗？他们当然不会这样做。相反，他们的观点是，所有无法解释的物质肯定都存在——只是我们看不到而已！它们是看不见的存在！因此他们决定给它取名为暗物质。然后他们就花费了纳税人数不清的资金来证明“暗物质”的存在。

面对主流物理学家实际上是信口雌黄的白痴这一事实，你可能感觉五味杂陈，但请记住生活中的一条基本公理：教育与智力是完全不同的两回事。自从20世纪60年代极左势力开始主导高等教育的学术机构后，理科学生接受的教育越来越多的是该思考什么问题，而不是该如何思考问题。可悲的是，这种学术洗脑已经导致在其他方面很聪明的一些人——多是物理学家和天文学家——持有了一些越来越令人尴尬的观点，而目的就是为他们在学校里学习的物理学“定律”辩护。因为他们顽固地信奉牛顿和爱因斯坦的理论，结果就绝对不肯考虑其他维度的可能性。如果他们乐于这么做，就会面临来自同事的嘲讽和诽谤，说他们缺乏常识，同时也会丧失从事“伪科学”研究的经费资助。这样一来，要求助于“以太”，他们就只好借助“量子媒介”这样的术语，用“量子时间”来解释因果关系，用“量子现实”来解释难以接受的实验结果。基本上，任何时候你只要听到有人用“量子”这个词来描述量子什么东西，你就完全可以这样想：他/她真的不知道怎么解释想要谈论的内容，只不过是用一个时髦词汇虚张声势而已。

由于彻底否认了现实的超维属性（更不要说人的超维属性了），量子物理学家们这些年来甚至还发表了一些更令人尴尬的见解……

虚拟的力量

从很早的时候开始，讨论涉及物理学家所谓“虚拟的力量”（类似于刚才我提到的外界的力量）的事物就已经成了禁忌。在物理学中，“虚拟的力量”是在“非惯性参照系”中对物体产生作用的力量。那么这到底是什么呢？哦，实际上先解释一下“惯性参照系”要更容易一些。

惯性参照系指的是参照系本身处于不断运动、不断加速，或完全静止状态。换句话说，任何人如果处在一个箱子中——比如说一个大型航运集装箱，如果箱子朝某个方向运动，而且达到某种速度后不再改变速度，那么里面的人将不会感觉到运动。因此在这种情况下，牛顿的“运动定律”就非常适用。但是如果集装箱所在的船突然必须紧急制动并转向右舷以避开前面的冰山，那会出现什么情况呢？在这种情况下，集装箱中的人就会感觉有人把他朝前方推动，船向右方转向时，他会朝自己的左侧倾斜。一旦开始在集装箱中感受到这些力量，他就进入了所谓的“非惯性参照系”，因为他感受到的影响自己的力量被视为是“虚拟的”。

我不是在开玩笑。

你如果研究一下各种虚拟的力量，可能会发现实际上很可怕。难以捉摸的虚拟力量中就包括加速度力（换句话说，“物理定律”只是在你驾驶汽车不踩油门踏板时才成立）、离心力（旋转导致的结果，比如乡村集市上的那些大型“圆周转动游戏机”），以及两种较为奇特的力量：科里奥利力和所谓的欧拉力。[①]哦，如果我们

---

① 科里奥利力（coriolis force），也称科氏力，是对旋转体系中进行直线运动的质点由于惯性相对于旋转体系产生的直线运动的偏移的一种描述。欧拉力（euler force），是一个物体受到的假想力，与欧拉加速度有着F=ma的关系，其中a是欧拉加速度，m是物体的质量。——编者注

要为后代保留物理学定律，我们还必须关注另外一种“虚构的力量”：引力。

同样，我也不是在开玩笑。

因此不妨先澄清一下，牛顿、爱因斯坦以及普朗克界定的“物理学定律”成立的前提是必须排除引力、旋转、离心力或加速度力。而且不要忘记：如果物体处于完全平静状态，也就是说要么匀速运动，要么绝对静止，（让我不由再次想起，如果某物“完全处于平静状态”，又怎么能够同时“匀速运动”呢？）这些定律也成立。此外，还有爱因斯坦的发现，即任何事物都不会完全处于静止状态或以恒定不变的速度朝一个方向运动。但这是因为时空是扭曲的，对吧？

哦，还是算了吧！

当我开始研究当前时代和未来的天文学和星相学，而且正是从这个视角我发现：很久以前，在一个或许我们花在心灵上的时间超过花在头脑上的时间的时代，其他人已经通过知觉搞清楚了这一切。不仅如此，他们还写下了自己的发现，铭刻在他们的纪念碑上，作为礼物留给我们到今天来重新发现。

此时此刻，在人类历史的关键时期，我们面临着一个机会，一个重新把握宇宙赐予我们的最珍贵礼物的机会，这个礼物就是——我们的心灵。

The Choice

Using Conscious Thought and Physics of the Mind to Reshape the World

第5章

时间物理学

The Choice

Using Conscious Thought and Physics of the Mind to Reshape the World

不知怎的，似乎有一批在精神方面居于领先地位的古代文明群体——至少包括玛雅人、埃及人和南亚的印度雅利安人——知晓我们刚刚探讨的这类更高维度概念和人类的更高维度性质。他们是最早用日历来记录时间流逝的文明群体，而且这些古人使用日历似乎并不仅仅局限于计算尼罗河的雨季或每年的洪水泛滥。他们和今天的我们看待时间方式的差异在于，所有这些古代的文化群体都是把时间看做是环状的，而不是线性的。今天我们谈到时间时是把它看做一条直线。从大爆炸时期延续到现在，过去的时时刻刻都陷入历史的迷雾中，永远不再重复，永远不再被再现，永远不再被重温。按照西方的文化传统，我们接受的教育是每个人的生命只有一次，再也不会重生。简而言之，在当代西方社会，人只有一次机会，所以最好正确把握。

但在我刚刚提到的各种古代文明之中，人们对时间和生命的看法都与此截然不同。在他们看来，生命、宇宙和宇宙中的万事万物都是不断重复的。地球、太阳以及太阳以外的其他恒星都在不断运动、不断变化，但在亿万年的周期之后，会出现相同的情况和同样的天体排列方式。就连我们自己的灵魂也被看做是不朽的，处于不断增长的过程中，不断循环，一次次地转世成人，不断学习、生活和成长。

总之，在当今西方世界的观念里，时间就像离弦的箭一般一去不返；而在上述古代文明看来，时间却像车轮一般循环往复。这些对立的世界观也在我们测量时间的具体数学方式——日历中得到了体现。

多数人都不明白，日历本质上是以天文学为基础、根据星体在宇宙中的位置来确定的，不管是根据太阳、恒星，还是行星的位置。对我们来说，日历不过是印在一页纸上或出现在电脑屏幕右下角的一些数字而已，对于我们的用处只是提供了一种方式，可以记录下来我们值得记录的“谁说了或做了什么事情，以及他们是在什么时间说的或做的”。我们很少想过，这些日期和时间是纯粹以行星和恒星在某个时间的位置为基础而确定的，更很少想过，这种星体的排列会不会影响我们的日常生活甚至我们在物质世界中的现实。

拿西方的历法来说，日期依据的是地球在它每年公转一次的轨道上的位置来确定的。为了做到这一点，必须确定每一天以及每一年的准确长度，这可不是一件容易的事。举例来说，有两种不同的方法来计算每天的长度：恒星法和太阳法。恒星法是根据恒星的位置计算，太阳法则根据太阳回到同一位置需要的时间来计算每天的长度。

我们现代的历法称为“格里高利历”，是在 1582 年由教皇格里高利发布教谕实施的，取代的是朱利叶斯 · 恺撒创造的罗马儒略历。[1] 因为当时儒略历已经越来越不准确，到 1582 年的时候，许多重要的宗教庆祝活动，比如复活节，都已经偏离了最初庆祝那些节日的日期。儒略历是在以格里高利历纪年的公元前 46 年被采用的，当时恺撒已经花了很长的时间咨询在埃及接受过教育的天文学家和祭司索希金斯（Sosigines）。[2] 在法萨罗击败他的朋友和对手庞培、结束了罗马的一场内战后，公元前48年，恺撒为了追击庞培去了埃及。在埃及期间，恺撒从埃及王后克利奥帕特拉那里接受了埃及天文学和宗教方面的教育。

我们不太清楚的是，为什么恺撒要创建一套历法系统。虽然罗马的阴历历法并不准确，但对恺撒这样的勇武之士来说，历法这种事情实在不值得关心。他当时正忙着成为罗马帝国的第一位皇帝，至少在表面看来，创建历法这类事情实在无助于推动他宏图大志的实现。

从现代的视角评判这些事情时，我们往往会忘记，在恺撒所处的时代，人们并不仅仅是政治家或士兵或身兼上述两种身份，而且往往还是祭师、神秘主义者和魔法师。他们大都相信自己的人生之路受到了神圣而神秘的力量的影响，因此他们花费大量时间试图去掌握和了解这些力量。恺撒肯定也不例外，很可能是克利奥帕特拉让他知悉了埃及仪式和魔法的奥秘，以此作为恺撒让她而不是她的弟弟托勒密八世登基的回报。她的野心并不亚于恺撒，向恺撒展示世界最古老文明的科学和宗教仪式中蕴涵的魔力可能也是他们两人之间一个强有力的黏合剂。

那么，为什么恺撒会以后来演化为西方线性时间观的理念创建一套历法呢？埃及的历法是以每年7月尼罗河流域的洪水泛滥为基础创建的，因此是周期性的。也许是因为在征服者恺撒看来，如果人们知道他们可以重生（这是周期性时间的本质特点），他们在战场上就不会那么恐惧，从而也就不会努力拼命求生，而这一情形显然不利于恺撒和罗马。

不管怎样，跟玛雅人和印度人一样，古埃及的恒星宗教是以周期性的时间概念为基础的，核心是某些恒星在夜空中的运动状况。按照作家格雷厄姆·汉考克（Graham Hancock）和罗伯

特 · 鲍威尔（Robert Bauval）的观点，埃及人特别关注两个特定的星座的运动：包括著名的“腰带星”星宿一、星宿二和星宿三的猎户座，以及包括夜空中最明亮的天狼星在内的大犬座。他们对这两个星座非常着迷，甚至加以神化，分别称为奥西里斯神（猎户座）和伊希斯女神（天狼星），还在吉萨以大金字塔的形式给他们树立了永久的纪念碑，这些金字塔反映出了猎户座“腰带”处三颗恒星的排列位置。

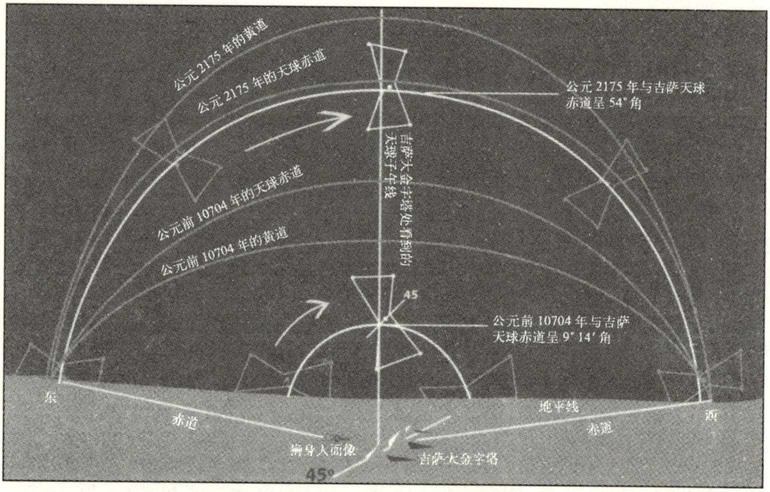

图 5.1　冬至日从吉萨大金字塔处看到的天球子午线（随着时间的推移，由于岁差的影响，猎户座“腰带”处的恒星似乎以 1.3 万年为周期升降变化。绘图：克里斯 · 利利）

在著作《天之镜》（*Heaven's Mirror*）中，汉考克以令人信服的理由证实：金字塔，尤其是大金字塔是作为庞大的“子午线机器”建立起来的，目的是监测天体相对于吉萨地区经线的运动状况。[3] 更具体地说，汉考克认为大金字塔是为了监测猎户座“腰带”处的恒星在夜空中的运动（例如它们经过某些天体的情况）而修建的。因为地球和宇宙中的万事万物都始终处于运动过程中，这种细微的位置变化每年的同一天都必须从同样的地方加以监测，以便可以准确地解读其变化。“腰带”处的恒星每年在一个具体的日期——例如冬至（12 月 21 日）——通过子午线时，古埃及的观测者将会每年在那个时间看到它逐渐升高。大约在 1.3 万年之后，猎户座“腰带”处的恒星将会从最高处降下来，直至达到最低点。

这种效应是由所谓的岁差现象引起的。因为地球围绕着自转轴旋转，就像一个失去了一些动能的陀螺一样，地轴的“顶端”，也就是它理论上的指向，在空中会形成一个假想的大圆。地轴每绕着这个 360° 的大圆旋转 1°，需要大约 72 年的时间，按照这个速度，大致需要 2.6 万年的时间地轴才能在太空中旋转一圈。这个 2.6 万年的运动周期有时候被称做是“天文大年”。

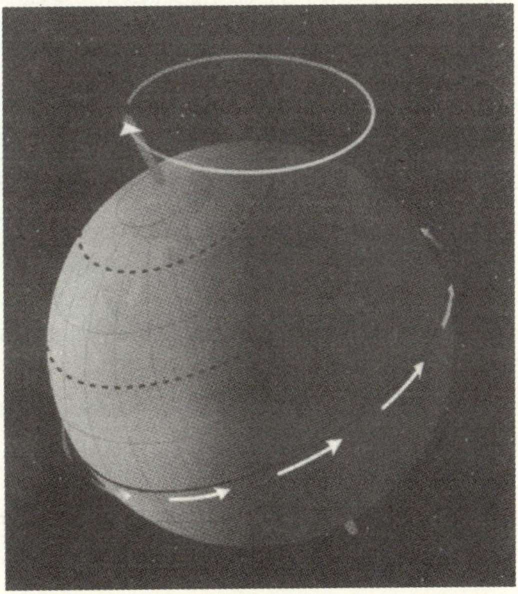

图 5.2
（图片承美国航空航天局惠允使用）

这种现象产生的影响之一就是，如果从地球上观测，夜空中的星座会缓慢地以逆时针方向旋转。这种现象通常被称为“岁差”，处在黄道（太阳的赤道）上的 12 个星座则被称为黄道的标志，而且它们是星座组合的基础。因为地球的自转轴与太阳的轨道平面呈 23.5° 的夹角，因此黄道带的“十二宫”（白羊座、金牛座、双子座、巨蟹座、狮子座、处女座、天秤座、天蝎座、射手座、魔羯座、水瓶座、双鱼座）似乎也以同样的角度在夜空中向后旋转。

图 5.3　岁差（黄道十二宫的群星遍布太阳的轨道平面，因此对地球上的观测者来说，角度大约是 23.5°。箭头指向的是春分点，那里轨道平面和天体赤道在双鱼座/水瓶座交叉。绘图：克里斯 · 利利）

随后这 12 个星座要根据春分点的位置——黄道（太阳的赤道平面）和天球赤道（地球的赤道平面）每年在 3 月 21 日交叉的位置——加以衡量。随着时间的推移，可以观测到这个位置在慢慢地向后移动，大约每隔 2 160 年，春分点会从一个“宫”移动到另一个。就当前的时代来说，比较一致的看法是我们现在生活在“双鱼座时代”，但也有看法认为我们处于“水瓶座新时代”的边缘。按照每个星座2 160年的比例，黄道十二宫累计起来就是25 920年，四舍五入后通常就算是26 000年。

顺便说一下，岁差似乎也有一个超维方面的原因。学界的主流观点认为，月球的引力吸引了地球隆起的赤道部分（这是很明显的），而这种扭力在某种程度上略微破坏了地球自转时的平衡。然而，如果说岁差单纯是重力作用的结果，那么就存在两个逻辑问题了。首先，月亮也存在岁差现象，不过程度远远低于地球。既然地球有更为强大的引力场，那么它对月球的岁差影响居然不如月球对地球的影响似乎有些不合逻辑。此外，还有另外一个重要的问题：那就是月球正慢慢地远离地球。阿波罗号飞船上的宇航员留在月球表面（是的，人类确实登上过月球——参看《暗黑任务》）的激光反射器传递的数据非常确切地表明：月球正以每年约1.5英寸的速度远离地球。而随着距离的增大，岁差的速度却在增加。现在的时间是25 828年，而不是以往的官方数字25 920年（360度乘以每个岁差度数需要的72年）。

不过我要离题一下。关键是，汉考克及其合著者罗伯特·鲍威尔在《狮身人面像的信息》（*The Message of the Sphinx*）一书中提出：这些金字塔形的子午线机器被用来追踪猎户座的“腰带”恒星的运动轨迹。从吉萨高原观测，在大约12 882年的时间内，猎户座一直在慢慢地“下降”，最后在公元前10704年到达“谷底”，也就是岁差周期一半的最低点。从那个地平面以上9° 14′的低点开始，在过去的12 714年间，它一直在“上升”，直到在公元2175年完成本个岁差周期达到最高点。因此，埃及人显然有长时间的计数周期，而且跟岁差现象联系在一起，他们通过记录猎户座在吉萨高原的升降加以标记。汉考克本人在为《天之镜》拍摄的纪录片中宣称："我已经得出了结论，整个吉萨高原不过就是一座庞大的岁差时钟，为某个事件在进行倒计时，但我不清楚具体是什么事件。"

毫无疑问，古埃及人知晓岁差方面的数学知识，因为在有关他们最神圣的神伊希斯和奥西里斯（天狼星和猎户座）的众多神话传说中，蕴含着许多这方面的数学线索。在埃及的阿比多斯，今天仍然矗立着一座古老而又庞大的奥西里斯神庙。一般认为，这座奥西里斯神庙是在塞提一世（Seti I，公元前 1290 年~公元前 1279 年）统治时期建造的，但许多迹象表明，它的历史还要悠久得多。神庙里的建筑跟周边神庙里晚些时候的建筑没有任何相似之处（里面甚至没有任何象形文字），而且建筑水准也低于后期的神庙，这意味着它肯定是在塞提统治之前建造的。塞提建造的神庙里有一块区域是所谓的国王长廊，里面列出了古埃及的每一位统治者，包括神、半人半神者和凡人，一直追溯到 1 万年以前。根据许多古代文献的记载，奥西里斯是第一位神灵身份的统治者。

根据神话记载，奥西里斯是一位深受爱戴的统治者，为人宽宏大量，但却被心怀妒忌的弟弟塞特（Set）谋杀了。在他的妻子、女巫伊希斯的帮助下，奥西里斯复活了，然后去统治杜阿特地区——天空中天狼星和猎户座之间的部分区域，基本上跟位于银河星系中心的人马座相对。他在那里的职责是评判所有的逝者，把死者的心脏放在天平的一端，另一端放一根羽毛来衡量轻重。按照传说，在将来某一天，奥西里斯会被要求返回地球，并开创一个新的黄金时代，再次出现他统治埃及时创造的那种和平与繁荣。

现在相当普遍的被接受的观点是，这些神话不仅是共济会仪式的基础，而且还蕴含着数学和符号学方面的许多岁差线索。节德柱是源自奥西里斯的身体到达比布鲁斯城之后一夜之间培养成的一棵树，据说它就是支撑世界、让天堂在夜空中稳定转动的支柱。反对奥西里斯的阴谋家一共有72人（地球自转轴绕着岁差大圆转动1度需要的时间也是72年），而且数字2 160和25 920也在诸多古代文献中频频出现。研究奥西里斯神话和金字塔文本超过60年的埃及学家简·B·谢勒斯（Jane B. Sellers）说过：

> 我敢确定，对古人来说，（这些文本中出现的）数字72……2 160……25 920……都象征着永恒回归的概念。[4]

她说的“永恒回归”是指岁差的天文大年完成整个周期，也就是说，猎户座的“腰带”恒星“回到”天空中的起点。因此，埃及人似乎是在观测岁差以便确定奥西里斯什么时间回归、评判众人，以及重新开始他统治下的新黄金时代。

不过，古埃及人并不是唯一重视时间的周期性特点和岁差的民族。因为非常类似的原因，世界各地还有许多同样“原始”的文化群体在关注这种现象。

The Choice

Using Conscious Thought and Physics of the Mind to Reshape the World

第6章

黄金排列

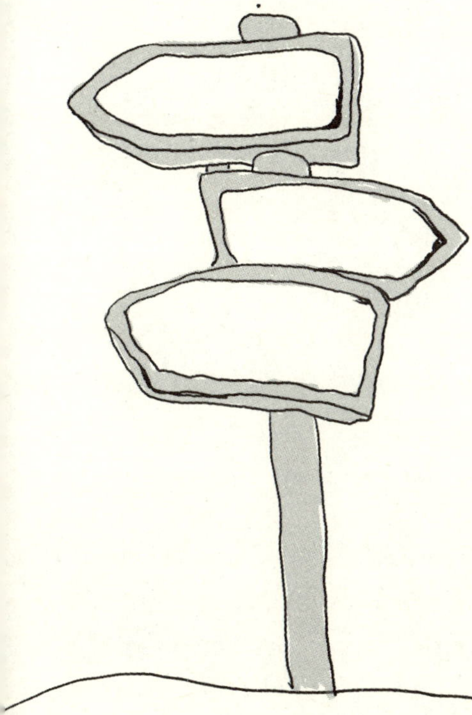

The Choice

Using Conscious Thought and Physics of the Mind to Reshape the World

和之前的埃及文化一样，南亚的印度文化也把时间看做一个大圆。印度北部的吠陀宗教文化是现代印度教的起源，梵文经典《吠陀经》中记载的信仰大致就是这一现代宗教的基础。《吠陀经》中介绍了宇宙周期的概念，认为它支配着世界的演变和人类的意识。按照《吠陀经》的解释，人类和地球要通过不断重复的4个意识轮回；决定周期的，很大程度上是地球围绕太阳的运动以及太阳系围绕某种未知的更大天体——可能是银河系的中心——的运动。这个位于中心的星体有时候被称为维施努·纳比（Vishnu Nabhi），是所有智力和精神的源泉。太阳围绕着这个中心旋转的过程中，维施努·纳比的影响时而增强，时而减弱，就像地球上的四季变换一样。如果太阳直接对准维施努·纳比，那么正法（Dharma）——即宗教和精神启蒙——就成为人类存在的主要方面。如果太阳位于距离维施努·纳比最远的地方，那么正法的影响就会衰减，追名逐利就会成为多数人的主要品性。在经文中，正法经常被象征性地比做牛。按照传统的计算宇宙的方法，大致需要432万年的时间才能完成围绕维施努·纳比的一次旋转，从而完成一个意识周期。

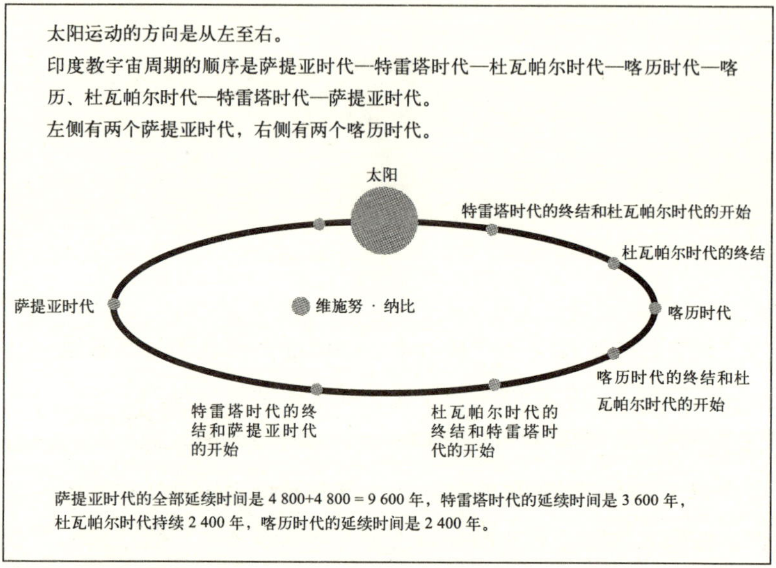

图 6.1　太阳系围绕 Vishnu Nabhi 的运动以及由此造成的对人类意识的影响（绘图：克里斯 · 利利）

宇宙周期分为 4 个阶段，这四个阶段完成后，就相当于名为“梵天”（Brahma）的主神一天的情形。梵天是印度教的三位主神之一，这三位主神一起，具备犹太–基督教中唯一神的特点。按照印度教的传统，梵天是造物主，毗湿奴是保护者，湿婆是毁灭者。

印度教的宇宙周期大致等同于希腊人有关黄金、白银、青铜以及黑铁时代的概念。在希腊人看来，在黄金时代和白银时代，统治地球的是一位名叫阿斯特来亚（Astraea）的神，但在青铜时代和黑铁时代，她却避开人类的邪恶返回了天上。希腊人的时代观和《吠陀经》中宇宙周期的主要区别在于其循环时间概念，而希腊人认为时间是线性的。换句话说，照希腊人的说法，阿斯特来亚神一去不复返，而按照《吠陀经》的观点，平静祥和的黄金时代将会再次来临。

《吠陀经》中定义的四个宇宙时代分别是：

萨提亚时代——黄金时代。

特雷塔时代——白银时代。

杜瓦帕尔时代——青铜时代。

喀历时代——黑铁时代。

由于四个时代实际上组成一个圆，在“钟面”顶部和底部遥

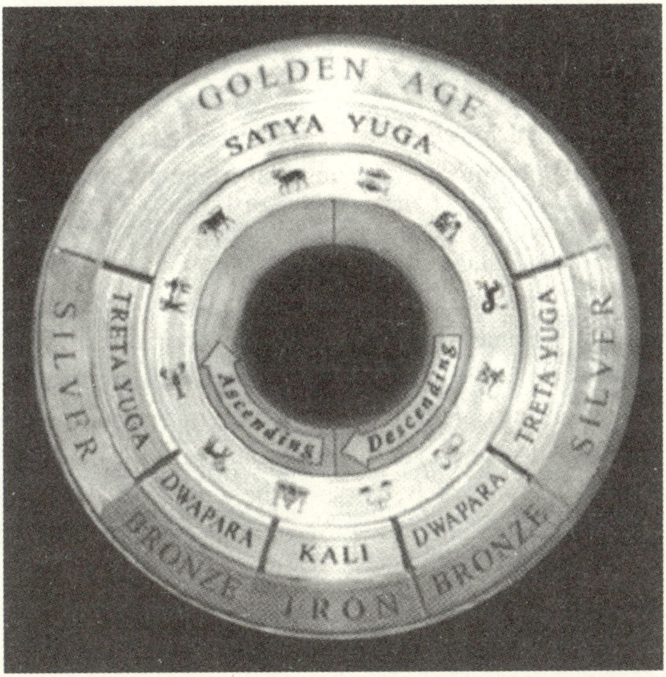

图 6.2　印度教的宇宙周期 [和黑铁时代一样，黄金时代也被分成了上升和下降两个阶段。白银时代和青铜时代都是单独出现，分别出现在上升和下降阶段。图片承沃尔特 · 克里腾登（Walter Crittenden）惠允使用，他模仿的是圣尤地斯瓦尔画的图。]

遥相对的萨提亚时代和喀历时代都横跨周期的上升期和下降期。也就是说，黄金时代的一半处于周期的上升阶段，一半处于下降阶段。黑铁时代或者说喀历时代也是如此。这个黑暗时代的一半时间都花在下降到喀历时代的深处，一半用于从中走出来。比如说，如果我们在午夜时分开动钟表，那么我们就在黄金时代或萨提亚时代的周期中间开始了轮回。然后我们会经历白银时代，最终降落到青铜时代和黑铁时代。到黑铁时代中期，我们到达 6 点钟位置，开始再次攀升，最终在午夜 12 点再次抵达周期的顶端。在那一刻，梵天开始新的一天，于是循环再次启动。

综合各种说法可以看出，[1] 在每个时代，人类的行为和寿命都有特定的趋势特点，而且延续一段特定的时间：

萨提亚时代：相当于人类的 172.8 万年。黄金时代。神牛梵天四条腿站立。作为四个阶段中时间最长的一段，这是最理想的时代，特点是道德、智慧和宗教，几乎没有任何罪恶或无知。人类既不会感到讨厌或嫉妒的情绪，也不会感到焦虑、恐惧或受到了威胁。他们只崇拜唯一的真神，听从唯一的《吠陀经》的安排，遵守一部法典，采用一种方式进行宗教活动：在精神方面冥思。世间一无所缺，因为人类和神处于共同创造世界的状态。人类的寿命约 10 万年。

特雷塔时代：相当于人类的 129.6 万年。白银时代。神牛梵天三条腿站立。罪恶开始出现。人类在萨提亚时代具有的优秀品质减少了 1/3。人类开始举行宗教仪式和祭祀活动，也开始为私欲行事，希望付出劳动、参加宗教活动后获得回报。寿命最多 1 万年。

杜瓦帕尔时代：相当于人类的 86.4 万年。青铜时代。神牛梵天两条腿站立。精神正直和大公无私等品质只达到萨提亚时代的一半水平。《吠陀经》分为了 4 部分，只有很少人研读。感性欲望和疾病开始涌现，不公现象开始在人类文明中蔓延。寿命最多 1 000 年。

喀历时代：相当于人类的 43.2 万年。黑铁时代。是四个时代中最堕落的时代（喀历的字面意思就是“争吵和伪善”）。神牛梵天仅一条腿站立。人类精神只有 1/4 仍然存留，而且随着时代的发展还会逐渐消亡。在这个时代，人类寿命短暂，而且智力平平。他们懒得执行自己的精神职责，也很不愿意信仰神的意旨。他们被引入了歧途，精神沮丧，而且最重要的是，从没有过真正的和平。宗教的一些特质（真诚、纯洁、忍耐和怜悯）和生活质量（智力、寿命、体格和容貌）都开始走下坡路。人类寿命的极限是 100 年，甚至这种情况都很罕见。

如果我们把所有这些数字累计起来，那么梵天的一天（也就是一个完整的宇宙周期）持续的时间相当于人类的 432 万年。这是相当长的一段时间，特别是如果你被卡在喀历时代、没有任何希望在有生之年（哪怕你有多次生命！）摆脱开来的情况下。因为按照传统观点：现在的喀历时代正式开始于公元前 3102 年 2 月 18 日，所以我们还要有很长的时间深陷这个时代。然而，多年来，时代周期和梵天每天的长度已经发展成了一个很有争议的话题。

关于印度教宇宙周期时间长短的另一种观点是由 19 世纪末 20 世纪初印度的修行者、天文学家、哲人圣 · 尤地斯瓦尔 · 吉利（Sri Yukteswar Giri）提出的。圣 · 尤地斯瓦尔是尤迦南达（Paramahansa Yogananda）的导师，后者于 20 世纪 40 年代在美国加利福尼亚州创立了自我了悟联谊会。在 1894 年出版的著作《神圣科学》（*The Holy Science*）中，圣·尤地斯瓦尔的计算结果是：萨提亚时代（黄金时代）的实际持续时间是4 800年，特雷塔时代（白银时代）是3 600年，杜瓦帕尔时代（青铜时代）2 400年，喀历时代（黑铁时代）1 200年。此后喀历时代的上升阶段开始，同样持续1 200年。把所有上升和下降阶段累计在一起，他得出的印度教完整宇宙周期时间是2.4万年。这仍然是很长的一段时间，但已经远远低于传统上被普遍接受的400多万年了。圣·尤地斯瓦尔的计算是以历史记载为基础的，因为历史记载显示，有一位名叫玛哈茹阿佳·尤帝士提尔（Maharaja Yudhisthira）[①]的印度统治者意识到黑暗时代最糟糕的阶段即将降临，于是带着全部智者一起逃到了喜马拉雅山区。这样一来，他的王国内就没有任何人能够精确地解读留下来的经文，于是错误的计算结果——“宇宙周期长达几百万年而不是几万年”——就流传了下来。

圣·尤地斯瓦尔进一步指出，就如同昼夜循环和季节更替是由地球自转引起的一样，宇宙周期的各个“季节”变化也是天体运动引起的——在这种情况下，也就是整个太阳系相对于维施努·纳比的位置变化。他计算的宇宙周期长度是2.4万年，非常接近估计的2.592万年（规范）的岁差时间。他最早指出，岁差不是月球的引力造成的（我们也已经明白了这一点），而是由于这颗遥远的恒星的拖曳。由于轨道是椭圆形而非圆形的，所以有时我们更接近源头（维施努·纳比），有时距离远些。他的解释是，距离更接近时，生活要快乐些：

---

① 此处应为Yudhisthira Maharaja，即尤帝士提尔·玛哈茹阿佳，即《薄伽梵歌》中潘度玛哈茹阿佳的五个儿子中的长子，是地球从前的统治者巴茹阿特（Bharate Maharaja）的后裔。——编者注

> 太阳还有另一种运动，它要围绕着称为Bishnunavi的一个中心旋转，Bishnunavi是梵天的创造力所在。梵天调整内心世界的精神美德。太阳在其双重旋转的过程中处于最接近梵天位置的地方时（秋分来到白羊座第一点的时刻），道德达到高度发达的程度，人类可以理解万事万物，甚至包括精神的奥秘。[2]

基于他对宇宙周期演变过程的解读，圣·尤地斯瓦尔认为，人类当前并不是处于喀历时代或黑暗时代的中期，而是处于杜瓦帕尔时代或青铜时代的上升阶段：

> 在印度的历书中，世界当前（1894年）处于杜瓦帕尔时代这一事实并没有得到正确地显示。编制历书的天文学家和占星家都受到了某些梵文学者[比如库鲁·巴塔（Kullu Bhatta）]关于黑暗时代或喀历时代注疏的误导，他们坚持认为，喀历时代持续43.2万年，其中有4 994年（截至1894年）已经过去，还剩下427 006年。前景可谓极其暗淡！好在这是一个错误的数字。[3]

用自己的计算宇宙周期的算法，圣·尤地斯瓦尔得出的结论是：本个喀历时代开始于公元前701年，而不是传统上认为的开始于公元前3102年2月18日。许多印度人也认为，正是在这个阶段，半神克利须那受了致命的箭伤（时间之箭）后死亡。具有象征意义的是，这标志着人类开始相信时间是线性的而不是环状的这种谎言。如果圣·尤地斯瓦尔是正确的，那么我们就已经在公元499年9月进入了喀历时代的上升阶段。鉴于他认为这一阶段的时间长度是1 200年，这也就意味着杜瓦帕尔时代也就是青铜时代的上升时期将开始于1699年9月。然而，由于诸多原因，我却必须对此观点提出异议。从他1894年的视角来看，因为欧洲各地和美国刚刚走出对形而上学的浓厚兴趣期，他肯定感觉一切都在朝着更好的方向发展，不过他却没看到20世纪的情况……

我认为我们仍处在黑暗的喀历时代的上升时期，我们即将经历的过渡阶段将是下一个时代的真正开端。首先，如果我们真正处于青铜时代，那么按照古代文献的描述，我们的寿命至少要超过100岁。然而现实情况是，尽管医疗条件取得了很大进步，寿命超过100岁仍然是“极其罕见”，恰巧符合对喀历时代的描述，而且我们无疑正处于人类“极度疏于执行精神的时代……”

我们不妨再看一下诞生于公元前400年的梵文史诗《摩诃婆罗多》（*Mahabharata*）对喀历时代特点的一些进一步描述。其中是这样描述这一时期的政治状况的：

> 统治者会非常不讲道理，会增加不合理的税负，他们不会再把提倡崇高或保护臣民作为自己的责任：他们将成为世界的威胁。人们将开始迁移，到以小麦和大麦作为主要食物的国家居住。

如果说这是对我们生活的时代的一个准确描述，那么我很难否认。当前的统治者——以美国政府为例——确实已经在竭尽全力从学校甚至我们的语言中驱走上帝的概念。任何人如果表现出对物质世界之外的任何事物的坚定信念，都会遭到迈克尔·摩尔（Michael Moore）、比尔·马赫（Bill Maher）、基思·欧伯曼（Keith Olbermann）之辈的嘲讽，被他们讥为疯子。美国和欧洲各地的税负已经把许多政府推到了破产的边缘。至于领导人成为世界的威胁，你只要看看导致了后来的“9·11”恐怖袭击的无能的克林顿政府，以及让世界在中东陷入持续性灾难般的战争、同样无能的布什政府就可以了。至于人类的迁移，当前美国面临的来自墨西哥的几近侵略般的非法移民应该算得上吧？

然而，《摩诃婆罗多》关于喀历时代人际关系的描述甚至更具预言性：

> 贪婪和暴怒将成为常事。人类会公开表达彼此之间的敌意。人们对正法（dharma）一无所知，会莫名其妙地产生杀戮之心，而且认为这种心态无可厚非。社会上的人会认为欲望是可以接受的，满足性欲成为生活的主要目的，结果连13~16岁的女孩都会怀孕。罪恶成倍增加，美德却逐渐消逝，不再受人重视。人们发下誓言，却频频食言。他们沉迷于令人陶醉的饮品和毒品。他们感觉工作压力重重，会到度假的地方去逃避工作。哲人不再受到尊重，弟子会生出伤害他们的想法。他们的教诲将受到侮辱，卡马（欲望）的追随者会控制所有人的心灵。婆罗门（教师和精神教义）将被抛弃，刹帝利（人民和信念的捍卫者）将不再勇敢，吠舍（商人）将不单纯从事交易，而首陀罗（劳动者）也不再诚实、谦恭地执行职责并对其他种姓保持恭敬。

说实在话，和以上这段写于2 400年前的描述相比，我觉得再没有什么能比它更准确地描绘21世纪初期美国的了。如果说现在不是所谓的黑暗时代，那我不知道该是什么时代。幸运的是，我还可以看得出，虽然仍然处于喀历时代的阵痛期内，我们也无须多久就能走出这个阶段。很少人会否认：总体而言，对更多的人来说，生活确实比过去几千年间有所改善。我们无疑正朝着杜瓦帕尔时代演进。同样，我也可以看出，有一门科学和一种精神正驱动着我们奔向这个新的开端。

The Choice

Using Conscious Thought and Physics of the Mind to Reshape the World

第 7 章

周期的科学

The Choice

Using Conscious Thought and Physics
of the Mind to Reshape the World

在关于印度教宇宙周期的研究中，我最早注意到的一件事涉及关于周期长度的辩论。正如我们刚刚了解到的，对周期的标准解读认为大致需要400万年才能完成，而圣·尤地斯瓦尔则有一个更合理的周期解释——2.4万年。不知怎的，我觉得这两个数字都跟岁差有关，因为我相信岁差是解开当前时代奥秘的关键。但是尽管圣·尤地斯瓦尔的数字很接近（2.4万年大致是传统上普遍接受的岁差周期25 920年的92%），其实却并不准确。因为圣·尤地斯瓦尔是一个天文学家，所以我也很难证明这个数字跟岁差周期有确定的联系。而他也很坚定地认为2.4万年的维施努·纳比周期跟岁差没有关联。尽管如此，我仍然有些不那么确信，因此决定更认真地研究一下400万年的周期这个问题。

如果你接受传统的按照“半神半人”时间解读周期的看法，那么它们的总数加起来比较有趣。如果把一个周期的432万年乘以4（毕竟有4个时代），那么总数是1 728万年。没什么出奇之处。但后来我有了一个想法。有些文化群体（比如玛雅人）把他们的长历法周期分成5部分而不是4部分，于是我在总数上又加上了432万年。这样一来总数就是2 160万年。我发现这个数字很有趣，当然这丝毫不是因为它让人联想到岁差的时间长度，这一长度被区分成12个2 160年；而且因为2 160英里这个数字，正如我们在第 3 章中了解到的，恰好是月球赤道直径的长度。于是我决定，纯粹为了好玩，在公式上增加一个完整的宇宙周期。所以让我们来看一下，2 160 万+432 万等于……2 592 万年。不错，就是 2 592 万年。为什么这个数字看起来很熟悉？因为正如我们先前了解到的，岁差的一个完整周期需要的时间就差不多要 26 000 年，或者更确切地说，就是 25 920 年。

正是在那一刻，我意识到：印度教宇宙周期的传统解读和圣 · 尤地斯瓦尔的数字都是正确的。25 920 年正是 2 592 万年的一个“和谐部分”，就像 2 160 万年是 2 160 年的一个“和谐数字”一样。你所要做的只不过是增减几个零而已。现在你可以不赞成我增减第五和第六个分周期到 1 728 万年的决定，但真实情况是，这样做根本没有必要。印度教的宇宙周期确实只有四种意识状态：金、银、铜、铁，但其实有六个阶段。不妨再看一下在第 6 章中初次展示过的宇宙周期图（图 7.1）。

在一个完整的印度教宇宙周期中，人类必须通过 6 种具体的意识阶段：一个黄金时代，两个白银时代，两个青铜时代，一个黑铁时代。这就组成了 6 个明显的周期阶段，每个阶段延续 400 万年左右，因此在我看来，增加到 6 个阶段组成周期更长的历法是完全站得住脚的。

这种非常难得的“数字巧合”给我的启发就是，正如我在本书开始时所说的，宇宙创造的万事万物都有其背后的构思。圣 · 尤地斯瓦尔的数字虽然有点儿离谱，在某种程度上跟岁差的周期还是有关联的，而传统的历法数字是跟某种还没有搞清楚的更大的周期联系在一起的。一种是大约 26 000 年的长历法，另一种是大约 2 600 万年的超长历法。必须指出的是，圣 · 尤地斯瓦尔在《神圣科学》一书中指出，他计算出的 2.4 万年的数字跟岁差并没有关系，而是完全不同的太阳绕维施努·纳比的周期。因此，如果他的话当真，那么就有三种宇宙周期的数字：2.4万年的维施努·纳比周期，25 920年的岁差周期，以及2 592万年的对宇宙周期的传统解读。现在的任务是搞清楚这些数字的意义，以及它们跟宏大的宇宙空间的关联。

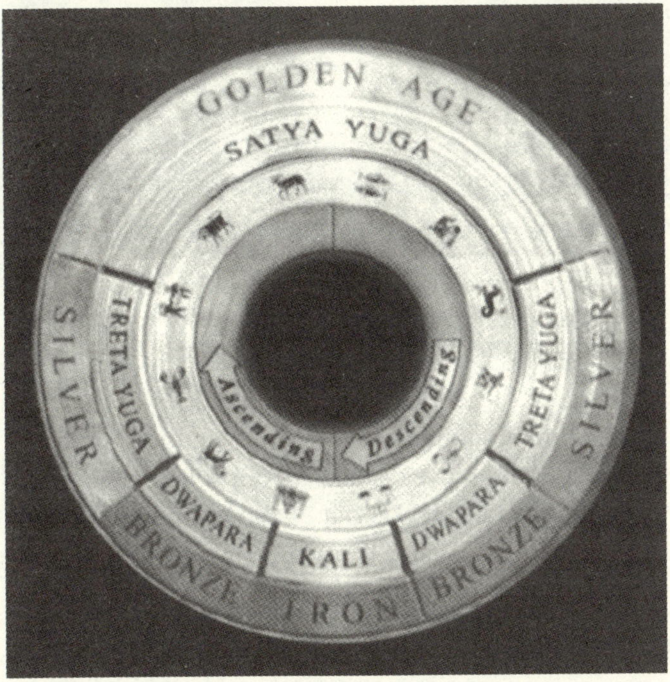

图7.1

正如《神圣科学》一书所阐述的：地球和整个太阳系其实都围绕着另一个天体旋转，主流科学界对此没有任何争议。该天体是我们所在的银河系的核心。我们的太阳系绕银河系的核心旋转一周大致需要250万~260万年，这个数字显然跟26的另一个和谐数字相关。事实上，我敢于公开声明，如果能够有一个更准确的关于"银河年"长度的解读，结果将会是2.592亿年。还是跟25 920有关联。

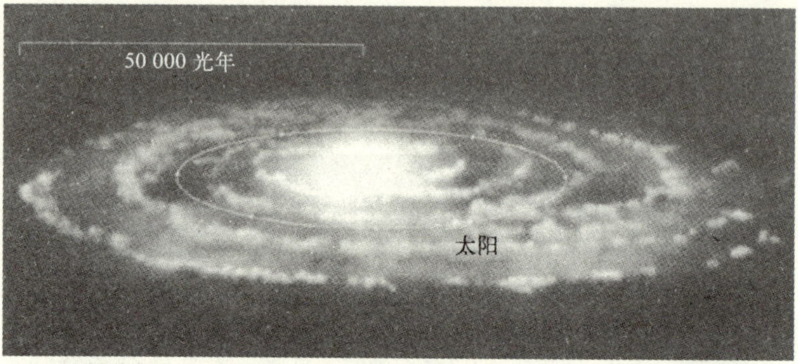

图7.2　太阳围绕银河系中心的椭圆形旋转轨道（太阳距离银河系中心2.6万光年，旋转一周需要大约2.5亿~2.6亿年的时间。绘图：克里斯·利利）

当然，情况有所改善。不仅太阳系的轨道周期跟我们地球的数字有关联，而且太阳系与银河系的相对距离也是如此。想不想猜一猜？距离银河系的中心26 000光年如何？[1]还是那样，现在我敢打赌，如果我们能更加准确地计算出我们距离银河系中心的位置，这个数字应该是25 920光年，而不是化成整数的26 000光年。

因此，我们又遇到了"26"这个数字。更有趣的是，在那个250万~260万年的周期问题上，还出现了另一个跟数字26的关联。20世纪80年代中期，唐纳德·拉普（Donald Raup）和塞普考斯基（J. J. Sepkosky, Jr.）两位地质学家发表了一篇论文，题为《古代的物种灭绝周期性》（*Periodicity of Extinctions in the Geologic Past*）。在这篇文章中，他们调查了2.5亿年（无疑非常接近一个银河年）的周期内灭绝生物的化石证据。他们发现，有证据表明，在这个时期，我们的星球上曾经有规律地重复发生大规模的物种灭绝现象，而且灭绝现象之间的间隔——你猜对了——大致就是 2 600 万年。[2] 幸运的是，上一次类似的事件似乎已经在 1 100 万年前发生过了，所以关于这种超长历法我们似乎真的没有多少可以担心的。但在我看来，延续 2 600 万年的印度教长历法无疑是跟这些周期性的灭绝联系在一起的。

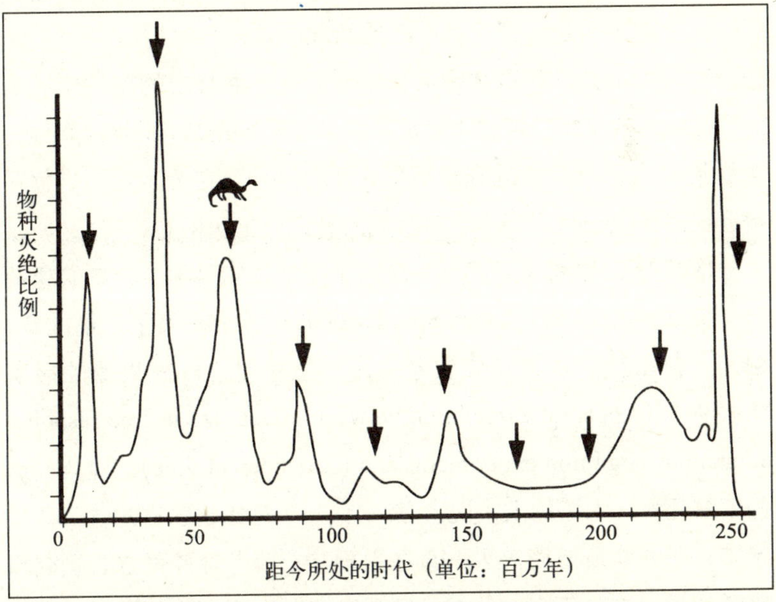

图 7.3　最近一段地质时期经常性的物种灭绝情况图（恐龙符号标记的是被认为跟 6 500 万年前恐龙灭绝有关联的白垩纪/第三纪界面事件。绘图：克里斯 · 利利）

圣 · 尤地斯瓦尔和其他一些宇宙周期的传统计算者是不是直觉般地接触到了某种跟岁差和太阳系围绕银河系旋转周期相关的秘密呢？如果确实是这种情况，那么这种代码视图告诉了我们什么？一如既往，答案就在我的面前。

圣·尤地斯瓦尔著作的核心论点在于，我们的太阳系在围绕着另外的某个天体旋转，这个天体会因为人类跟它的距离远近而影响人类的意识。他认为我们围绕这个天体——他称之为维施努·纳比——旋转的周期是2.4万年（我认为是25 920年，两个数字非常接近）。确实，很有可能发现我们有这样一个伙伴，而且它很可能会对我们太阳系的物理世界甚至我们的意识产生一定的影响。可是事实是，银河系中心的情况非常符合对维施努·纳比的描述。太阳系不仅围绕银河系中心旋转，而且它的旋转轨道是椭圆形的，在2.6亿年的轨道周期内会让我们距离中心时远时近。但是圣·尤地斯瓦尔的观点更引人注目的一点在于，我们的位置接近银河系中心时，确实会对我们的意识产生明显的影响。

1997年，加利福尼亚州帕洛阿尔托市认知科学实验室的詹姆斯·斯波蒂斯伍德（James Spottiswoode）博士发表了一篇文章，题为"自由反应反常认知实验和地方恒星时之间效果值的显著相关性"（Apparent association between effect size in free response anomalous cognition experiments and local sidereal time）。对我们这些不熟悉学术术语的人来说，"反常认知"是指超感官知觉。几十年来，斯波蒂斯伍德等人一直在用预知、读卡等各种方法研究超感觉知觉。这些年来，他们已经开发出一种严谨的测量"反常认知"的科学程式，而且在作为统计上有效的现象记录方面做了很好的工作。斯波蒂斯伍德的论文研究的目的在于发现他们收集的超过20年的数据中是否存在任何规律。不出所料，确实有规律。几乎让每个人都感觉惊讶的是，超感官知觉居然跟银河系的中心有关联。

斯波蒂斯伍德发现：地方恒星时和超感官知觉之间存在着关联。研究表明，在地方恒星时的正午时分，超感官认知强度突然攀升。斯波蒂斯伍德的研究显示，影响超过了误差的范围，而且结论是在地方恒星时的13点30分效果最为明显。换句话说，在地方恒星时的正午和13点30分之间，超感觉认知明显增加——即直觉达到巅峰，在13点30分达到峰值，然后再下降到“正常”水平。关于这项研究，最重要的一个方面是，地方恒星时的13点30分正是开展研究的地方所在的纬度在人马座最直接在头顶上方的时候。而人马座恰好处于银河系中心的位置，尤其靠近一颗名为人马座A星的恒星。

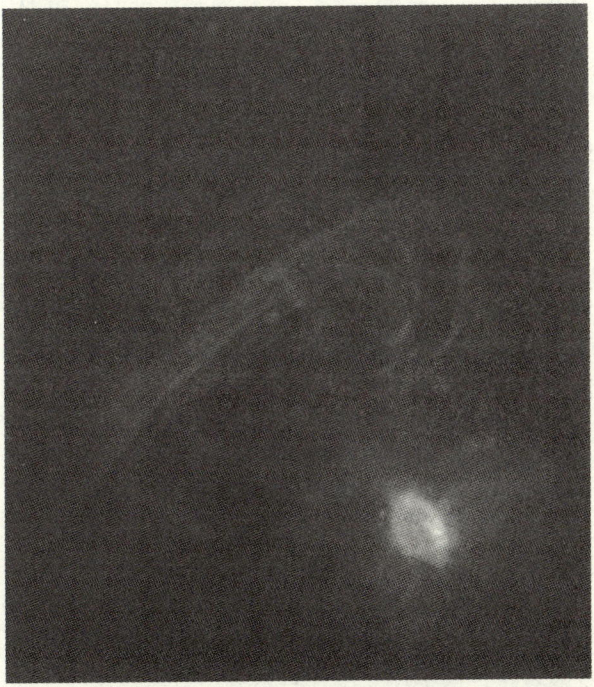

图7.4　钱德拉X射线天文台拍摄到的人马座A星图（有人认为那里潜伏着一个超级黑洞，人马座A星从银河系中心通过扭曲的喷射点发射能量。照片承美国航空航天局惠允使用）

说得更直白些就是，如果银河系的中心处于你所在位置头顶的上方，你的身体跟银河系核心排成一列，那么你的直觉就处于巅峰状态。

这种效果基本相当于（如果不完全就是的话）圣·尤地斯瓦尔描述的“维施努·纳比”概念。如果我们和“维施努·纳比”这个正法和生命能量之源处于黄金排列的位置，那么我们就能更清楚地认识事物，更轻松地跟“上帝”联系，甚至按照圣·尤地斯瓦尔的说法，“轻松理解一切，甚至包括精神的奥秘”。

所以我们这里探讨的就是三个相互关联的时间周期问题，它们都控制着星体对我们的意识的影响。我们有一个2.6万年的地方性宇宙周期，它可能围绕着一个没被发现的太阳邻居旋转，有一个2 600万年的大宇宙周期，还有一个2.6亿年的跟位于银河系中心的维施努·纳比相关的超级宇宙周期。

眼下的问题是：这些宇宙周期对我们的未来有何预示？我们什么时候才能走出糟糕的喀历时代，进入我们期望的更美好的世界？不出所料，答案也是在以梵语书写的文本当中。

古代经典《梵转往世书》（*Brahma Vaivarta Purana*）讨论了喀历周期终极时的情景：

> “花中生花，果中生果之际，周期将到尽头，此时雨水将不分季节地降落。”

至少对我来说，这段文字的确切含义并不明确，但在阅读随后的几章内容时，请记住“雨水将不分季节地降落”这句话。

其他描述喀历周期尾声的文字中则讲述过一场卡莉女神这位由湿婆培养的恶魔般的存在和最后的第10位化身毗湿奴之间的一场争斗。据另一部古代经典《毗湿奴往世书》（*Vishnu Purana*）记载，卡莉是世间邪恶、腐败和毁灭的根源，和《圣经》故事中的撒旦大同小异。在喀历时代的末期，骑着白马的毗湿奴将回归，发动与卡莉以及她的邪恶势力的战争。世界将遭受火热的终极考验，去除一切邪恶，然后开始一个新的黄金时代——萨提亚时代。

关于这个版本的喀历时代末期很有意思的一个问题是，我们直接跳过了青铜时代和白银时代，仍然在喀历时代（这是基于传统的估计，认为喀历时代延续 43.2 万年）的时候就进入了一个特殊的 10 000 年的启蒙期。因此，在眨眼间就从黑铁时代跃进到了黄金时代。对我来说，这意味着一个非常特殊的时期，在这个时期，所有的条件，包括我们不断发展的意识，以及行星的能量界定的物理状况，无疑将把我们推进到一个极具戏剧性的（当然未必是创伤性的）动乱时代。

正如我们即将看到的，还有另外一种高级的古代文明似乎已经了解未来那一时刻的基本情况，而且他们认为这一时刻将很快降临。

The Choice

Using Conscious Thought and Physics of the Mind to Reshape the World

第 8 章

玛雅历法

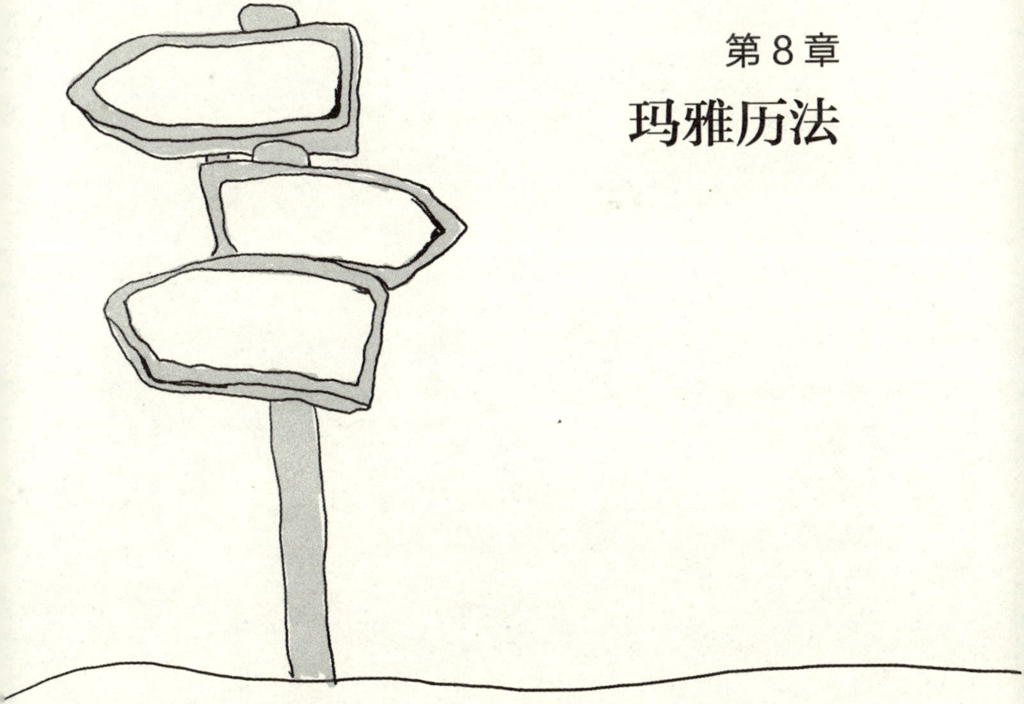

The Choice

Using Conscious Thought and Physics of the Mind to Reshape the World

如今我们通常所说的“玛雅历法”，实际上是由早于玛雅人出现在中美洲的一些文明所设计出的一系列历法。玛雅历法和奥尔梅克文明和萨波特克文明这类更早的文明创造的历法有许多相似之处，[①]但相比而言，玛雅历法更为复杂。玛雅人实际上有许多种历法（有人说多达 17 种），但有两种历法是最重要的：一种是传统的周期为 365 天的民用历法，称为哈布历，另一种神圣的宗教历法周期是 260 天，称为卓尔金历。通常我们所说的“玛雅历法”实际上指的就是卓尔金历。

德累斯顿抄本

我们对卓尔金宗教历法的多数了解，都是来自一份名叫“德累斯顿抄本”的手稿。有人认为，这份纸张文献应该源自 13 世纪，但也有人认为，它是时间更早的抄本的复制品。德累斯顿抄本是目前存世的 4 种玛雅历法手稿之一。这 4 种手稿都是以当初发现时所在的城市命名的，分别是巴黎抄本、马德里抄本、德累斯顿抄本以及格罗利尔抄本。

---

① 奥尔梅克（Olmec）文明是已知最古老的美洲文明，它存在和繁盛于公元前 1200 年到公元前 400 年的中美洲。萨波特克（Zapotecs）文明是前哥伦布时期的一个美洲土著文明，其历史至少可以追溯至 2500 年以前。——编者注

图 8.1　德累斯顿抄本（图片源自维基共享资源）

4 种抄本中，德累斯顿抄本显然是最引人关注的，其中包含了关于玛雅文化、礼仪、科学、天文学和数学的大量信息，很可能是解读玛雅历法不可或缺之物。抄本是写（实际上是印刷）在一张长条纸——纸张由灰泥涂抹并加固，折叠成手风琴的形状，很像一幅现代的路线图。德累斯顿抄本初次面世是在 1739 年，当时，位于德累斯顿的英国皇家图书馆的馆长约翰·克里斯蒂安·格兹（Johann Christian Gotze）买下了抄本，当然，他是从谁那里、以何种方式买下抄本已经成为历史之谜，不过抄本的真实性从未受到过质疑。

同样无可争议的是，抄本显示玛雅民族是一个高度发达的民族，至少他们的天文和科学知识是这样的。德累斯顿抄本中充斥着准确性惊人的天文图表，包括月食周期图、金星凌日（金星处于地球和太阳之间）周期图等。抄本还包括详细的历书、天文学和占星学图表，以及包括玛雅创世神话等内容的宗教信息。西班牙人把玛雅人描述成崇拜太阳神的嗜血者，与此相反，从抄本中可以看出，至少在最初阶段，玛雅人不过是痴迷夜空的经验丰富的天文学家。

德累斯顿抄本流传到西方的故事几乎和它的内容一样耐人寻味。学界普遍接受的观点是：西班牙征服者科提兹带人在现今墨西哥境内的尤卡坦半岛登陆时，他们发现了类似德累斯顿抄本的大量纸张文献，内容包罗万象，涉及玛雅历史、民事活动、宗教和天文信息的方方面面。估计是按照罗马教廷的指示，热衷于用基督教义取代土著信仰的神父狄亚哥 · 迪兰达（Diego de Landa）下令销毁了全部 1 562 种抄本。1566 年，他在给教廷的信中写道："我们发现了大批书籍，里面记载的全是迷信和魔鬼的谎言，我们干脆将其付之一炬。那些土著都非常痛心，非常难过。"

然而不知何故，德累斯顿抄本却保留了下来，可能是因为科提兹认识到了它的重要性后让人把抄本送回了西班牙。我们可以确定无疑的是，如果没有德累斯顿抄本，那么任何人都不可能解读玛雅历法。

历法本身就是古代世界创造的一项奇迹。利用 20 进位的数字系统，在一个用来计算日期、月份和年份的历法圆周上，玛雅人创立了一系列的历法单位。按照玛雅人的历法体系，一天称为一"金"，20 天组成的一个月被称为一"乌内尔"，360 天组成的一年被称为一"盾"。20"盾"组成一个"卡顿"，20"卡顿"组成一个"白卡顿"。利用这个工具和德累斯顿抄本中的其他图表，玛雅人就可以计算月食，以及火星、金星的轨道周期，而且准确率甚至比现代人的计算方法还要高。

玛雅人的日历实际上是历法圆周上的一套环环相扣的轮子，每个轮子的计数速度略有不同，内部的轮子带动着外部的轮子转动，就像现代赛车变速箱的齿轮一样。更容易理解的方式是把玛雅历法的圆周看做互相联系的时间齿轮，或者说一个时间变速箱，内部的圆环滴滴答答地转动，带动着外部更大的齿轮转动。然而，玛雅人的齿轮却不是像汽车变速箱的齿轮那样给后轮提供动能，而是记录时间的流逝。

图 8.2　存世的阿兹特克历法石，属于玛雅历法圆圈的一个晚期版本（图片源自维基共享资源）

这些年来，研究《圣经》的学者发现了一个很有趣的现象：394.3 年的白卡顿周期正好是 144 000 天，这个数字在《圣经 · 启示录》中具有特别的意义。事实上，数字 144 000 在《启示录》中被提到了三次，每次都是讲述世界末日时发生的事，彼时，正义和神圣一方降服邪恶和目中无神的一方。这些事件是否跟数字的魔力有关当然还值得探讨，但数字 144 000 确实有些历史的回响。同样很有意思的是，玛雅人的一年是 360 天，而不是 365 天。

为了弥补这个差距，他们在年底还有5天的“黑日”来让日历与地球的真实轨道周期相符合。我一直觉得，圆周的360度肯定跟中美洲这种古老的每年360天的历法有关，因为我相信，地球最初的轨道周期是360天，而不是目前的365天。

不管怎样，玛雅人又将394年的白卡顿年乘上了13（对他们来说，13是个重要的质数），最后得出了5 125年的总数，这被称为“长期积日”历法周期。因此按照玛雅人的历法体系，实际的日期是这样的：12.19.19.19.19。数字12是白卡顿（长记历有13个白卡顿周期），其他的数字组成卡顿、盾、乌内尔和金。

白卡顿	卡顿	盾	乌内尔	金
12	19	19	19	11①

当前长历法周期的开端说法各异，有人说开始于公元前3114年8月13日，有人说开始于公元前3114年8月11日，也有人说开始于公元前3374年10月15日。按照现在的理解，长历法周期开始时，周期性的钟表应该从13.0.0.0.0开始。而按照西方世界思维方式，理应从0.0.0.0.0开始，但玛雅人从1算到13，而不是从零到12，因此在他们的系统中，13.0.0.0.0实际上就是“零”日。由于玛雅人认为时间是周期性的，而不是像我们这样认为时间是线性的，所以一旦时间到达12.19.19.19.19,就会从13.0.0.0.0重新开始，这一自动回复过程就像汽车的里程表一样。

同样，由于开始时间的差别，最后一天可能出现在2012年冬至，也可能不出现在这一天。但是如果你认同普遍接受的当前日

① 此处原书即为11，疑应为19，与上下文对应。——编者注

历开始于公元前3114年8月11日的说法，那么本长历法周期就将在2012年12月21日结束，恰好是2012年的冬至日。总体而言（除了一个明显的例外，我们将在稍后探讨），现在大多数人都同意，当前的13白卡顿长历法开始于公元前3114年8月11日，终结于2010年12月21日（确切地说，是格林尼治标准时间上午11点11分）。新一代的学者，比如约翰·梅杰·詹金斯（John Major Jenkins, 提出玛雅人的宇宙发生说）则认为因为历法终结于2012年冬至日，这肯定不是一个巧合。[1]在他们看来，玛雅人在恒星运动方面的知识非常先进，他们肯定知道那一天是冬至日。

公元前3114年这一日期也很有趣，因为玛雅人认为这个时间是所谓的人类“第四世界”的开端。按照他们的创世神话《波波尔·乌》（*Popol Vuh*）的描述，神已经创造过3次人类世界。每个人类世界延续的时间都是13白卡顿的一个历史周期，虽然命运不同，但每个世界最终都被全球性的灾难毁掉了。《波波尔·乌》指出，当前的世界开始于公元前3114年，当时“金星诞生”。此前从未有人把公元前3114年8月和跟金星有关的任何具有特别意义的天文事件联系起来过，因此至少德累斯顿抄本有可能从2012年的本次13白卡顿周期终结时刻要上溯到公元前3114年的开始时刻。毫无疑问，如果从某个已知的天文事件回溯肯定要比从未知状态向前发展容易，但是在我看来很有意义的是，一系列早期的考古发现似乎都开始于这个时代附近。比如说埃及的第一代王朝——埃及真正文明的肇始阶段——就开始于公元前3100年左右，而这也正是目前的印度教喀历周期开始的时间。

我发现，非常有趣的是，所有这些周期似乎都是从公元前3114年到公元前3100年这段时间开始的。如果把岁差周期分散成5 125年的时间段具有特殊意义是正确的做法的话，那么我们确实从两种文化中可以看到一致的地方，那就是我们历史上的这个时期是重要的。如果在公元前 3114 年加上 5 125 年，那么我们就到了 2012 年。在印度教周期开始的公元前 3102 年这个数字上加上同样的数字后，我们就到了 2023 年。或许我们更应该担心“2012 时代”——即从 2012 年到 2023 年——而不是担心任何所谓具体的日期。

那么玛雅人把公元前 3114 年 8 月 11 日称为“金星诞生日”又是什么意思呢？我们的确知道，玛雅人非常关注金星与地球之间的位置，在公元前 3114 到公元前 3110 年之间这段时间，曾经出现过两次金星凌日现象（金星位于地球和太阳之间的位置）。这一点究竟为什么重要我们将在后文加以解释，但毫无疑问，这些事件就是抄本中描述的“金星诞生”。然而更重要的是，这正是德累斯顿抄本标记为世界末日的 2012 年 12 月 21 日。

玛雅预言

这些年来，在电视新闻、各种各样的杂志文章和书籍中，“玛雅预言”的故事可谓屡见不鲜。实际上，至少从我们当今对预言界定的角度来看，德累斯顿抄本根本没有包括任何可以称为“预言”的内容。各种各样的研究人员都曾经想用抄本中的数字去附和自己喜欢的理论，但由于时间、解读方式和计算过程的制约，多数人都无功而返。不过，即使是一些最优秀的研究人员和精神研究学者也难免会产生这种想法，即抄本含有某些对未来的具体预测。

其中就包括英国人阿德里安 · 吉尔伯特（Adrian Gilbert）和莫里斯 · 科特雷尔（Maurice Cotterell）。前者是备受尊敬的作家、古埃及符号学方面的专家，后者则是知名的玛雅文化学者和古代奥秘的狂热爱好者。1995 年，他们出版了一本著作《玛雅预言》(*The Mayan Prophecies*)，希望能通过数学方式发现德累斯顿抄本和太阳黑子活跃周期之间的相关性。他们的结论是，到当前的长历法周期结束的时候，太阳黑子数量将迅速增加，导致地球磁极的突然逆转。对我们大家来说，这自然是一件非常糟糕的事情，因为磁极逆转会引起风暴、飓风和大规模的降雨。

在吉尔伯特和科特雷尔看来，“玛雅七大预言”是跟我们当前时代直接相关的一系列预测。这些预言一般都被跟晚些时候出现的霍皮预言（我们将在下一章探讨）联系在一起，据说谈到了太阳黑子的强烈爆发和磁极的逆转。

玛雅人的七大预言分别是：

> 1. 最后一个卡顿（1992 年）开始 7 年后，将会进入一个磨难期（1999 年至 2012 年）。这将动摇社会和政府的基础，导致人们的意识不断觉醒，认为可以应对体验到的面对改变的恐惧。据说我们每个人都将面临一个“镜厅”，要面对自己的行为和选择。这段时期被称为“没有时间的时代”。
>
> 2. 来自银河系中心的不断增长的力量将会导致出现程度更高的极端情况和社会的两极分化。更注重精神层面的人将会适应这个变化，层次较低的那些人则会有更情绪化的反应，评判别人时更苛刻，从而导致世界上有更多的冲突，助长了第一个预言中的提到的不稳定局面。
>
> 3. 气候会更加炎热，出现飓风、洪水和干旱交替的自然现象，农作物歉收，饥荒不断。预言认为这是太阳黑子活动增加、人类与自然不能和谐相处的后果。

4. 主要是由于来自太阳的能量的增强，同时由于受到人类自私自利地破坏环境的影响，极地冰盖会消融。预言也谈到海平面将不断上升。

5. 由于我们觉醒的意识和对无价值的（纸钞）货币的依赖，建立在恐惧和匮乏基础上的金融系统将崩溃。人类将会有一种新的单一的精神道路。

6. 在磨难时期（1999年至2012年），将会出现一颗伟大的蓝色彗星，预示并警告我们：是该摆脱物欲、回归神的信仰的时候了。

7. 在世界的末日，我们都会有机会求助于神，开始注重精神层面，那些这样做的人将会过渡到更高级、更契合精神生活的生存状态。

审视这七大预言时，我不得不说玛雅人预测最准确的是第四和第六项，而第七项仍有待于观察。虽然说1999年后的时期是“磨难期”有点儿夸张，但至少从《圣经》的意义来看，要说这一段时间非常困难恐怕还不那么合适。在1999年的时候，我们确实处在一个相对和平的时期，经济也很宽裕。在此之后，我们经历了2000年的经济衰退、“9 · 11”事件、伊拉克和阿富汗战争、房地产泡沫的破灭以及2007年的金融危机。但对那些还记得卡特总统任内的情况和1978~1982年经济衰退的人来说，现在并不比当时更糟糕。

至于第二项预言，我不得不承认，我们的政治话语已经越来越两极化，党派性越来越强，而且充斥着仇恨。我同样感觉有趣的是，和印度人一样，玛雅人（至少根据某些解读）也相信星系的中心对意识有能量方面的影响，而当时的这两种文化却远隔重洋、相距万里，没有任何接触。在我看来，关于气温上升、飓风、洪水和干旱的第三项预言似乎不那么准确。实际上，太阳活动已经安稳了下来，有将近连续10年的时间气温一直在下降，而且也没有出现大规模的歉收或饥荒。

第四项预言谈到了极地冰盖的融化和海平面的上升，显然也是错误的。尽管有人歇斯底里地宣称这两种情况都存在，但现实的证据却至多不过是让人扫兴，而且最近还有一批针对气候发表危言耸听言论的人被发现在伪造数据支撑他们关于全球变暖的言论。经历了几个寒冷的冬季之后，已经再也没有人相信那些全球变暖派（尤其是那些叫嚣人类行为导致全球变暖的人）的言论了。

虽然现在下结论还为时过早，但关于货币组织崩溃的第五项预言似乎也不太可能得到验证。就在我写作本书的2010年春天，我也很难看出夏天会有什么样的经济动荡，或者下次大选会带来什么结果。

关于出现一颗标志着新时代来临的巨大蓝色彗星的第六项预言显然是正确的。2007年10月26日，彗星17P/霍姆斯穿过太阳系，突然爆发成一个巨大的蓝色火球，肉眼都能看得见。在某个阶段，它的彗发有太阳大小的70%左右，并在几天之内发展成为整个太阳系中最大的天体。没有人知道彗星爆发的原因，而且人类历史上此前也从没记录过这种现象。

这一切意味着什么当然还值得探讨，但有一种说法我认为可以算是无可置疑的“预言”。正如我在前面提到的，《波波尔·乌》中记载的玛雅创世神话中描述了一场争夺地球控制权的冲突。故事中讲到，地球处于一只名叫七金刚鹦鹉的邪神的影响下，它自称是太阳神或月神以蒙蔽世人。于是上帝派出了一对孪生英雄乌纳普（Hunahpu）和伊克斯巴兰奎（Xbalanque），他们被公认为是太阳和金星的代表。乌纳普和伊克斯巴兰奎一起战胜了七金刚鹦鹉，但却警告说它还会回来争夺对地球的控制。德累斯顿抄本的最后一页上有一幅图：在库库尔坎神（Kukulkan）的帮助下，复活的七金刚鹦鹉放出了宇宙蛇神——它从天空中向地球倾注暴雨。

有趣的是，如果吉尔伯特和科特雷尔的设想是正确的，也就是说2012年前后将会出现导致地球磁极突然偏移的严重太阳耀斑，那么这种情况就很可能出现。磁极突然调整会引发大风、可怕的雷暴和暴雨，正像天空中有洪水倾泻下来一样。

好了，作好准备听点儿好消息了吗?

关于德累斯顿抄本、玛雅历法以及长历法周期的终结这些问题，还有另外一种截然不同的观点，提出观点的是一批同样高明的学者。他们的诠释或许非常有助于解释为什么迄今为止只有几条玛雅预言变成了现实。

图8.3
（图片承肖恩·戴维·莫顿惠允使用）

The Choice

Using Conscious Thought and Physics of the Mind to Reshape the World

第9章 玛雅效应

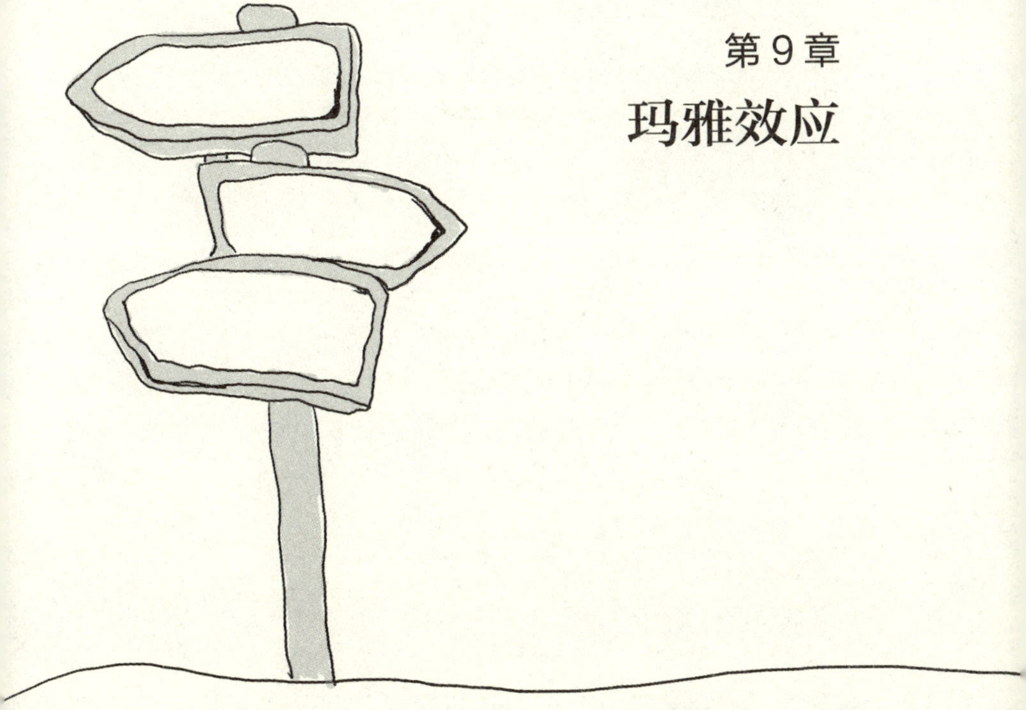

The Choice

Using Conscious Thought and Physics of the Mind to Reshape the World

就历法研究来说，有一个相信玛雅历法发出了末日预兆的研究者，就有一个否定这种看法的人。后者认为，玛雅历法是一种精神蓝图，是人类提升到更高层次思维方式的路线图。琼斯·阿格勒斯（Jose Arguelles）、约翰·梅杰·詹金斯、卡尔·约翰·卡勒曼（Carl Johan Calleman）就是持这类观点的人，在与持末日临头观点的危言耸听派的斗争中，他们发挥了领头羊的作用。

如今很少有人还记得1987年8月发生的那次最早的谐波汇聚。当时这件事主要还是遭到了少数电视网络和报业集团的嘲笑或忽视。在这种保守而且受到压制的氛围之下，作家琼斯·阿格勒斯宣称：1987年8月16日和17日是一次“谐波汇聚”——一个独特的天文和占星排列时期，据他声称将会改变地球的现状，引导人类进入和平与合作的新时代。尽管受到了国家控制的媒体的抵制，他的这种观点却仍然站稳脚跟，对世界产生了影响。

在他的著作《玛雅效应》（*The Mayan Factor*）一书中，为了理清世界在未来可能出现的情形，阿格勒斯使用一种复杂而又独特的方法，把吉萨大金字塔、玛雅历法和其他资料结合在一起，分析了德累斯顿抄本的情况。他称这个体系为“梦咒计算体系”，他的结论是，2012年12月21日即当前长历法的周期终结时，世界将面临一系列的灾难，从而震撼其根本，导致人类文明的大规模毁灭。但好处是，他还认为，如果利用意识或精神思想的力量，我们将有机会避免这场灾难。

阿格勒斯认为，在谐波汇聚期间,如果只有 14.4 万个灵魂（又是这个数字）会在和平、友爱、和谐的基础上集会，那么德累斯顿抄本中所有可怕的预言都将在程度上降低到原来的 1/10。结果发现，在 1987 年那次谐波汇聚期间，并不是只有 14.4 万人聚集在一起，而是全世界的几乎每个自由国家都有数百万人聚集在一起，为建立基于上帝的自然法则的更和平更和谐的世界而庆祝、祈祷、冥思。结果是全球范围内的暴力行为急剧下降。除了第一次海湾战争外，国家之间没有公开的武装冲突。跟其他军事冲突比起来，甚至连海湾战争也几乎是奇迹般地造成了最低程度的生命损失，无论是平民百姓还是军事人员。

不管怎样，在新的时代，并不是每个人都一定同意阿格勒斯的“梦咒计算体系”。甚至就连作为玛雅民族远亲和文化继承者的霍皮族的长老也曾经指出，尽管第一次谐波汇聚具有明显的积极影响，但玛雅人却从未使用过阿格勒斯的体系。而其他人，比如瑞典的研究人员卡尔·约翰·卡勒曼，也设计出了自己的计算玛雅历法周期和后来的阿兹特克历法周期终结时间的系统。

卡勒曼自 1993 年以来一直在研究玛雅历法。他的研究结论都在过去 10 年左右出版的一系列书籍中发布了出来。奇怪的是，虽然跟阿格勒斯对未来的看法差别非常大，两人的见解却趋同。阿格勒斯认同对德累斯顿抄本和其他石碑的解读，认为 2012 年左右会出现一些灾难性的事件，不过他也认为抄本提供了通过我们自己的意识避开灾难的“安全舱口”。

与此相反的是，卡勒曼根本不认同有形灾难设想的预测。他认为玛雅历法是人类精神发展的路线图，是追踪我们亿万年来发展周期的途径。基于他对玛雅历法的理解和对某些玛雅遗迹的解读，卡勒曼预测，当前的13白卡顿玛雅历法周期终结时，会出现9种不同的精神实体汇聚在世界上的情况，而且我们的世界以及我们自己的生存状况都会发生变化。毋庸置疑，这9种不同的精神实体都跟玛雅神话传说中的数字9的意义有关联。

卡勒曼的见解源自他对墨西哥帕伦克以西50英里处托图古鲁6号石碑上的一篇铭文的解读。位于帕伦克的一座刻有铭文的9层庙宇主导了古玛雅人的献祭中心。6号石碑的碑文中提到了2012年——或当前长历法的终结时间，是现存仅有的几处提及这一时间的文献之一。碑文提到了“第13个白卡顿”和一个名叫“Bolon Yookte”的神秘存在。

虽然遭到了破坏，但碑文至少有部分内容已经被解读出来：

“第13个白卡顿将在2012年终结，会发生第三次Uniiw。将出现9个支持神降世……”

当然了，这部分碑文的确切含义还有待于进一步探讨，但卡勒曼认为，Bolon Yookte （9个支持神）既是实体，也是衡量时间的一种方式，跟遍布墨西哥各地的9层金字塔预测的9个层面的精神发展巧合。Bolon Yookte的“降世”究竟是什么意思我们还远远不清楚，但希望不是暴雨或此前描述过的其他灾难。至少可以这样说，这与玛雅创世神话的关联就很有意思。

如前所述，对早期玛雅人来说，和数字9一样，数字13也有重要意义。玛雅人认为宇宙包括三个层面：上界、下界和人类生存的中界。处于地球上空的上界有13层，地球位于漂浮在宇宙海洋中的一只乌龟的背上。地球下面的领域称为“恐怖之地”，是一个包括9层的地下世界。把这三个领域连为一体的是一颗巨大的生命之树，名叫“Yaxche”，这棵树的树根扎到下界，枝干延伸到上界。神灵和逝者的灵魂通过这棵树在各个世界之间活动。有趣的是，扎根地球深处、延伸到天上的生命之树和埃及的节德柱有一定的关联。二者都可以说是对现实本身的轴性支柱，支撑着上天和地球，以便创世的过程可以继续，而且二者都可以说提到了地球的旋转轴。

在卡勒曼看来，玛雅人认为地下世界的9层是永恒的存在，但是人类经过连续的时代体验不同的层面。我们正一步步地通过它们达到最终的目标：过渡到最后阶段或前宇宙地下世界，从而把人类和神团结在一起共同创造。通过这种方式，9层地下世界不仅代表意识发展或物理空间的不同阶段，而且也代表了时间的不同阶段。

玛雅人对这种基本观点的表达不仅体现在历法和法典中，而且体现在他们宏伟的建筑上。古代玛雅人世界的每一个主要文化中心都有一座9层的金字塔作为中心结构。无论是奇琴伊察的羽蛇金字塔、蒂卡尔的美洲虎金字塔，还是帕伦克的碑铭神庙，进化和意识的9个层次的意义都是无法忽视的，因为它被确凿无误地刻在了石头上。

9层地下世界的每一层都跨越一段具体的线性时间，每个层面的时间都比前面的层面有明显的缩短。正如玛雅人的金字塔中描述的，9层地下世界从下往上依次是：细胞地下世界、哺乳动物地下世界、家族地下世界、部落地下世界、区域地下世界、国家地下世界、行星地下世界、银河地下世界，最后是宇宙地下世界。在卡勒曼心目中，心灵和精神的Bolon Yookte状态就是在最后一个层面达到普遍意识与神的统一。所以Bolon Yookte的降临实际上就是把所有以前的发展层面融合为一个全新的意识层面。

地下世界的每个层面都是以玛雅人采用的360天（正如此前所述，这可能是最初时候地球围绕太阳旋转的正确周期）组成的一年——盾——为基础的。每个层面同时还有13个创造周期（称为“天”），在此期间完成规定的任务。就每个创造周期来说，日期乘以13就可以算出每个层面相应的持续时间。通过这种方法，第一个层面的第一个“天”已经持续了约4 608亿天，或者按照玛雅人的说法，4 608亿金。玛雅人把这么长的时间称为hablatun，相当于我们的12.6亿个恒星年。这个12.6亿年的周期再乘以13个“天”(创造的周期)，就得到了59 904亿天或164亿年的结果。通过这种方法，玛雅人得出结论，宇宙已经有164亿年的历史。

在地下世界的第一个层面，物质开始形成，生命意识的最早形式细胞生命开始出现在地球上，甚至有可能出现在宇宙的其他地方。因此第一个层面是随后所有层面的基础，这也是为什么在金字塔最宽阔的第一层作为第一个层面的象征。作为基础，这一时期的创造仍然没有停止，因为如果停止，随后的更高层面也将难以维系。

正如同玛雅金字塔以一定的角度向上发展，结果一层比一层面积更小一样，卡勒曼发现，地下世界的各个层面延续的时间也是依次变短。根据卡勒曼的计算，我们目前处在地下世界的倒数第二个层面，也就是银河地下世界。在这个层面，我们将开始从周围银河系的视角看待自己，而不是从行星的视角。当前的银河地下世界周期开始于1999年5月，在阿勒曼看来，在2011年运行结束。

这是卡勒曼与其他研究玛雅文化学者的主要不同之处之一。基于对地下世界9个层面时间的计算，卡勒曼认为这个历法周期的终点并不是约翰·梅杰·詹金斯等人通常认为的2012年12月

21 日，而是更不为人所知的 2011 年 10 月 28 日。在他的网站上谈到 2011 年 10 月 28 日时，卡勒曼提出：

> ……这个日期很自然地源于进化的过程，跟任何实际或所谓的物理或天文事件都没有关联。这不过是宇宙经过了自开端以来的 9 个步骤之后达到最高能量状态的时间，也没有逻辑上的理由说这就意味着世界的末日。它只是进化的终结点、Bolon Yookte 降临的时间而已。

换句话说，“Bolon Yookte的降临”只是一种令人高兴的意识顶峰状态，仅此而已。但是，如果Bolon Yookte状态是人类全新的体验的开始，谁又能说这两个日期哪一个正确呢？这很简单地就又回到了那个生命开始的老掉牙的问题：从出生还是从受孕开始算起？如果我们把卡勒曼计算出的更受阿兹特克人影响的长历法 2011 年终结时间算做孕育的时间，把大家更熟悉的 2012 年作为人类进化新阶段的诞生时间，那么这两个时间并没有什么冲突，对吧？

除此之外，卡勒曼跟其他研究玛雅历法的学者还有几处重要的差异。根据他对每层地下世界时间长度的解读，他又把这些层面的时间分解为 13 个阶段的波浪周期，积极的上升波浪称为白昼，消极的下降波浪称为黑夜。按照卡勒曼对昼夜周期的描述，13 个阶段将是第一天（第一阶段）、第一夜（第二阶段），依次类推的一种模式。如果实际上每个地下世界层面都有 13 个阶段，那么地下世界的每个层面都应该在第 7 天结束。

“第 7 天的时候，他休息……”

如果卡勒曼的计算过程靠得住的话，那么我们目前正处在称为银河地下世界的波浪运动的第 6 个夜晚，也就是我们人类的意识发展的倒数第二个阶段。据他估算，2010年11月2日，大致在本书英文版出版的时候，如果他是对的，那么我们将再次沿着曲线上升，到达第7天，也就是他认为的2011年的10月28日。在他看来，第7天是周期终结、玛雅人认为达到宇宙意识、与上帝一起创造的时刻。

卡勒曼的观点是，作为人类意识发展的路线图，玛雅历法可以用来预测人类行为的周期。奇怪的是，他建立在对历法这种解读方式基础上的经济预测都很有预见性。

在2004年出版的《玛雅历法和意识转变》（*The Mayan Calendar and the Transformation of Consciousness*）一书中，卡勒曼写道："无论（金融）崩溃可能采取何种形式，最大的可能是在接近第5个晚上的时间开始，也就是在2007年11月（严格说来是在19日）。"（第233页）而现在比较一致的观点就是"房产泡沫"在2007年11月底或12月初破裂，随后就是美元大幅贬值，最终危及整个美国经济。这一预测最早在卡勒曼写于1999年、出版于2001年的著作《揭开我们时代最伟大的奥秘：玛雅历法》（*Solving the Greatest Mystery of Our Time*: *The Mayan Calendar*）中也曾经更概略地提到过（第187页）。

在我写下这些文字的时候，我们正处在始于2009年11月8日午夜的银河地下世界的第6个夜晚。在那一刻的一个小时之内，我们曾经有过一次深刻的精神体验，等我后来意识到这一体验跟第6个夜晚的来临有关，我对卡勒曼解读方法的信心得到了进一步增强。仅仅过了几个星期之后，我从朋友肖恩·戴维·莫顿那里得知了卡勒曼和所谓的第6个夜晚的情况，直到那时我们才意识到自己的心灵受到了那次经历多么深刻的改造。用人类唯一可能的方式——亲身体验，我明白迎面来了一股改变之风，无论我们喜欢不喜欢，这股风都要来临。

然而，不管卡勒曼的预测或许会给人以多么深刻的印象，这并不是说我们只需要了解这些。我自己也发现了他的思考方式中需要解决的若干缺陷。

他的结论是建立在他心目中对历法更正确的解读基础之上的，其根本观点是人类活动是所谓的“生命之树”上的节点安排的周期。他坚持认为，玛雅人和阿兹特克人的历法系统并不像如今当代的日历那样是以天文学的物质方面为基础的，而是以精神的永恒方面为基础的。因此卡勒曼认为，宣扬2012年是世界末日的人只是在考虑物质世界方面，而没有考虑精神方面，因此他们将永远不会明白2010~2012年期间将要出现的真实情况。

这也就是说，他非常明确地认为，今后几年将至少是混乱不堪、让人难以忍受的，而且显然他并不认为目前地球上的每个人都能安然无恙地度过这个转折过程。不过，他并不怎么顾及“社会大众”——这是他的说法，因为他认为他们都无可救药地受到了线性时间天文学模式的禁锢。但是卡勒曼的观点同样也是有缺陷的，因为他的观点忽视了天文现象对更大范围的影响。因为他很可能受到了量子物理理论局限性的限制，他没有看到另一种可能性：纵使不是密不可分的，物质世界和精神世界也是密切联系的。

按照我的模式，推动意识的是物质世界，推动精神发展的是科学，推动占星学发展的是天文学。这意味着我们必须承认我们的思想、情绪和行为背后存在着科学，这也意味着我们可以抵消在未来的生存危机中可能产生的任何负面能量。

以我们有时候自鸣得意、高人一等的方式，我们那些重新找回与“神”的联系的人可以轻松地忽视或打发掉惯用左脑的知识分子式的思想过程，因为这些思想有时会阻止与内心的神性沟通。

最近我发现自己一直在这么做，而且这个习惯很难改掉。但我强烈建议大家不要这样做。人体是一个神奇的装置，自然之“神”让我们同时具备思考和感知的能力肯定是有原因的。我不会自欺欺人地认为自己知晓个中奥秘。我只是提醒你不要把心智或心灵极端化。在自己的旅程中，我一直就是努力这样去做的，由于不偏爱任何一方，我觉得我有可能领会到了或许值得大家思考的某种重要的东西：

如果主张 2011 年 10 月或 2012 年 12 月是世界末日的双方都没有错会怎样呢？如果那些主张玛雅历法预测的只是精神转变的人，以及那些坚持认为我们正面临现实世界的痛苦折磨的人都没有错会怎样呢？如果他们的观点都正确呢？如果时间本身既涉及精神方面又涉及物质方面，如果我们生存的这两个方面都面临变化，那么我们必须作何应对呢？

在我看来，我们必须作出抉择。

The Choice

Using Conscious Thought and Physics of the Mind to Reshape the World

第 10 章

霍皮族预言

The Choice

Using Conscious Thought and Physics of the Mind to Reshape the World

1992年，霍皮族的一群长老带着和平与希望的使命拜访了联合国。1948年以来，这是他们第四次来联合国找机会发布长老们所谓的“最早的民族”的信息。前三次他们都没能如愿。到第四次的时候，这一要求被接受了。1992年12月10日，他们受到了接见。这一天距离2012年12月21日恰好还有1卡顿（20年）11金（天）。稍后你就明白数字11的意义了。有趣的是，霍皮族人认为他们是美国西南部地区玛雅人、阿兹特克人和阿纳萨齐人的直系后裔，从而使得这件事与玛雅文化的关联越发令人好奇。

这个团体的领头人是霍皮部落的长老和首领之一、绰号“老爷子”的托马斯·班亚雅（Thomas Banyacya）。据班亚雅讲，1948年的时候，部落的首领们就曾经集合在一起，讨论“我强烈感觉对全人类都具有重要意义的事情”。在那次会议上，部落首领告诉他，将来有一天，世界各国领导人将聚集在一间“米克大房子”——霍皮族的一个词语，翻译过来就是“玻璃大房子”——里。首领告诉他，在这所恢弘的玻璃大房子里，人们会聚集在一起，利用各种规章制度以非战争的方式解决世界问题。我想不出一个描述纽约联合国大楼的更恰当的词语了，世界各国领导人正是集中在那里（表面看来就是如此），通过非战争的方式解决世界问题，而且大楼从底部到顶部一层层都镶满了玻璃。

1948 年的时候，霍皮族挑选了 4 位首领来传递他们的信息，班亚雅是其中之一，1992 年受到接见的时候，他已经成了唯一的健在者。长老们曾经告诉这 4 位首领：要提出 4 次要求，受到接见的时候，他们应该传递“上一个世界毁于洪水后我们的祖先来到这片土地上”流传下来的预言。长老们还给了班亚雅一根用于祈祷的神圣的羽毛，让他转交给玻璃大房子里的领导人，用来帮助土著或“最早的民族”打开房门。在短短 10 分钟的说明过程中，依据在 1948 年那次集会上得知的霍皮族预言，班亚雅向在座的各国代表发出了关于未来的严厉警告。

他首先向各国代表介绍了霍皮人关于希望、生命、人与自然和谐相处等方面的理念，以及致力于“大灵”（Massau’u）的精神教义付出的努力。随后他又给他们讲述了霍皮族对世界当前状态的看法：

> 在 1948 年的会议上，霍皮族中 80 岁、90 岁甚至 100 岁的首领解释说，造物主（“大灵”）创造的第一个世界处于完美的均衡状态，人类都讲同一种语言，但后来人类背离了道德和精神原则。他们为了自私的目的滥用自己的精神能力。他们不再遵循大自然的规律。最后，第一个世界毁于地面沉降和大地震造成的陆地分割。很多人死于非命，只有极少数人幸存了下来。
>
> 后来这极少数心态平和的人进入了第二个世界。结果他们又重复了昔日的错误，世界毁于你们所谓的冰河时代所带来的严寒。
>
> 为数不多的幸存者进入了第三个世界。第三个世界延续了很长时间。和以往的两个世界一样，人们都讲同一种语言。

人们发明了许多机器和高科技的便利设施，其中有些到现在还没有再度面世。他们甚至具备可以永远利用的精神力量。然而逐渐地，他们开始背离自然规律，只追求物质利益，最后只是孤注一掷，却嘲笑精神原则。没有人阻止他们的发展历程，结果世界毁于许多国家的古代历史或宗教传说中有记载的大洪水。

长老们指出，这次还是只有一小部分人幸免于难，来到了我们现在生活的第四个世界。尽管“大灵”让人类讲不同的语言，让我们分散居住在世界各地，告诉我们要爱护地球和地球上的万物，但是现在这个世界仍然处于紊乱状态。

班亚雅随后举起了一个在宗教仪式上使用的拨浪鼓状器物，他说这上面显示着一条正在迅速流逝的时间线。他说时间线走到尽头的时候，霍皮人的预言就终止了，而这个时间很快就要到来。他没有复述霍皮族关于末日预言的详细情况，只是发出了一般性的警告。

霍皮人的预言从没正式发表过，但是因为一次偶遇，牧师戴维 · 杨（David Young）却曾经叙述过其中的内容。20 世纪 60 年代初，杨驾车途中遇到了一个搭便车的旅行者。那是一位美洲土著，自称是霍皮部落的长老，名叫“白羽”（White Feather）。杨讲述的白羽告诉他的内容于 1963 年在弗兰克 · 沃特斯（Frank Waters）的著作《霍皮人之书》（*The Book of the Hopi*）中被公之于世。我强烈怀疑，白羽可能就是和托马斯 · 班亚雅一起受托向联合国传递信息的另外 3 名霍皮族长老之一。

按照《霍皮人之书》的描述，霍皮族人的 9 项预言是：

第一项预言：我们被告知说，巴哈那（Pahana）那样的白人来到这里，不过他们的生活不像巴哈那。他们占有了原本不属于他们的土地，而且用雷声攻击敌人。

顺便解释一下，“巴哈那”是一位身材魁梧的白人，据说他会在世界终结之际出现，引导地球走向纯洁，让人们再次认识象征宇宙的印第安神祇“大灵”的哲学。预言本身没有什么出奇之处：它只是讲述了自私的白人的来临，以及白人的武器，比如枪炮。因为没有任何记载能够看出这项预言是什么时候公之于众的，我们很难说它有多少可信度，另外因为霍皮人的口述传统，这项预言是白人到来好久之后才写下来的。第二项预言属于同一类别：

第二项预言：旋转的车轮——车上人声嘈杂——将来到我们的土地上。年轻的时候，我的父亲亲眼目睹了这个预言成真：白人带着家小乘坐马车穿越草原来到了我们的领地。

这显然指的是西进运动时期穿越美国西部的大车队，但由于此前所述的原因，我们同样无法验证其真实性。

第三项预言提到了长角牛的出现：

第三项预言：一种像水牛但长着长角的怪兽将大量出现。白羽亲眼目睹了这种现象：白人饲养的长角牛的出现。

第四项预言似乎跟铁路的出现有关：

第四项预言：陆地上将出现横七竖八的铁蛇。

第五项预言的含义不太清楚，但人们一般都认为跟现在连接整个美国的电报、电话和输电线有关：

第五项预言：陆地上会出现盘根错节的庞大的蛛网。

第六项预言“陆地上会出现盘根错节的石头河流，在阳光下会组成画面”似乎跟州际公路系统有关，因为从远处看会有一种类似的幻觉。第七项预言似乎明显是指石油泄漏事件，跟2010年5月在墨西哥湾发生的石油泄漏非常相似：

第七项预言：你会听到大海变黑的消息，许多生物将为此丧命。

白羽的最后两项预言跟当代社会最为一致。第八项预言似乎指的是20世纪60年代的嬉皮士文化，这些预言公之于世的时候距离嬉皮士文化还有五六年的时间：

第八项预言：你会看到很多年轻人像我们民族的人一样留长发，他们会来加盟部落国家，学习他们的处世之道和人生智慧。

但真正有趣、跟2012年和我们不久的将来相关的，却是第九项预言：

第九项预言：你会听说地球上空的一处住所轰然坠地。似乎是一颗蓝色的星星。之后不久，我们民族的仪式将彻底终结。

有些人认为这项预言和第9章中列举的所谓玛雅预言指的是同一回事，因为玛雅预言中也提到，天空中会降下一颗带有预兆性质的庞大的蓝色彗星。毫无疑问，正如我在第9章中提到的，彗星17P/霍姆斯符合玛雅预言中描述的情况，也跟霍皮人预言的一个版本相符，因为那里面也谈到了一颗名叫“克奇纳”（Kachina）的蓝色星星。根据这个版本的预言的描述，“蓝色的星星克奇纳在天空中出现后，第五个世界将会出现。”这就是说，庞大的蓝色星星的坠落将预示着一次大规模清洗的开始，到那个时候，所有重物质轻精神的人都将在一场动荡之后被从地球上清除，少数幸存者将开始一个新的世界——第五个世界。

也有人认为，美国天空实验室空间站的陨落或“哥伦比亚”号航天飞机失事是蓝色星星克奇纳这一预言的现实体现，因为二者从空中坠落时都呈现出蓝色。但我不能确定这一预言是否已经实现。实际上，我的看法是这项预言还没有变成现实。

白羽的具体预言并不只是谈到一颗蓝色的星星，它说的是“地球上空的一处住所”，看上去像是一颗蓝色的星星。此时此刻在我们头顶上方的就是国际空间站，现存唯一的（或得到公开承认的）“地球上空的住所”。还有一些霍皮人认为蓝色的星星指的是天狼星，据说克奇纳在霍皮语中的字面意思就是天狼星。然而，纵然不能说绝对不可能，但天狼星从夜空中坠落的可能性似乎也不大，而且它也不可能被看做是地球上空的一处住所，虽然天狼星是蓝色的，除非……

正如我们在第6章中谈到的，埃及人把天狼星跟女神伊希斯联系在一起，伊希斯的字面意思就是万物之母和人类的养育者。国际空间站，至少其中的美国部分，也有一个正式名称：自由。但人们在提到整个空间站时通常都是用它的首字母缩略词“ISS”。如果把“ISS”看做一个单词，其实可以有两种读法。既可以像蛇那样发出嘶嘶的声音，读做“Issssss……”，也可以在中间部分略作停顿，读作“Isis”，恰好跟女神名字的读音一样。

如果你读过《暗黑任务》一书，认同我和理查德在书中阐述的美国航空航天局与埃及之间的关联，那么你可能会认为这种命名和读音方式是蓄意为之。不管这是不是真的，如果太空中代表蓝色星星的国际空间站坠落，那无疑可以算做白羽第九项预言的实现。幸运的是，我写作本书的过程中，它仍然在太空中围绕地球安然无恙地旋转。

还有另外一项预言已经得到了研究霍皮族文化的学者的认可。这项预言并没有在《霍皮人之书》中列举出来，它说的是如果人类登上“姊妹星球月球”，他们应该谨慎行事，不要从月球上带回来任何东西。预言指出，如果我们从月球上带回东西，那会使得地球上出现极大的不平衡，从而导致干旱、地震、风暴和造成社会动荡。当然，我们确实登上了月球，而且确实从月球上带回来一些东西，而且很可能还远远不只岩石（参看《暗黑任务》一书）。毫无疑问，这项预言的全部预测都已经成为现实，但跟登月之前相比，我们很难说上述后果是否更明显或更频繁了。

好吧，说了这么多，在你开始变得忧心忡忡之前，请记住：霍皮人也许诺过，所有这一切都是可以避免的，哪怕已经到了最后关头。

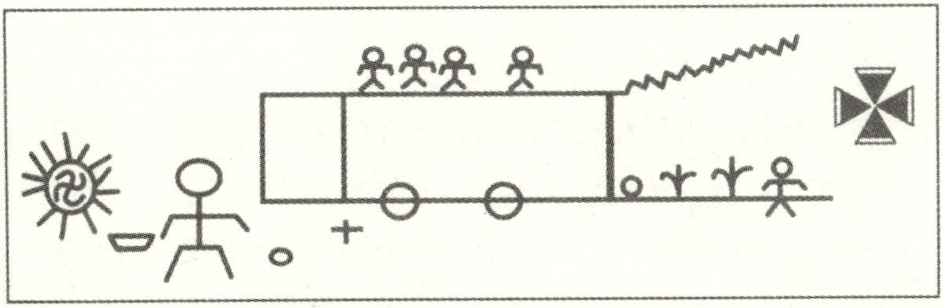

图 10.1　1992 年 12 月 10 日托马斯 · 班亚雅向联合国报告的预言石的内容描述（绘图：克里斯 · 利利）

班亚雅在联合国提交的其他东西中有一样是一张具备艺术特

质的图片，图中描述的是亚利桑那州霍皮人居住地上所谓的预言石。预言石处于亚利桑那州一座名叫“Second Mesa”的山上，预言石上有一幅岩画，据说描述了第四个世界的终结和第五个世界的开端，因此从霍皮人的角度讲述了未来的情景。根据班亚雅的讲解和《霍皮人之书》的描述，对岩画上的数字和符号的解释大致如下：

图片左侧画的大人是霍皮人的神“大灵”。他右手拿的弓表示他希望霍皮人放下武器——真正“抛却长矛，制作镰刀”。太阳中的卍字符和凯尔特十字代表巴哈那的两种得力工具，因为巴哈那这位真正的白人兄弟会在第四个世界终结时出现，引领霍皮人去他们的新领地重新开始人类文明。顺便说一下，卍字符是古代印度人的一种符号，表示太阳是星之门，是所有生命能量从“更高级的地方”释放出来的源泉。德国的纳粹集团篡改了这个符号。凯尔特十字和霍皮人的太阳符号相同，代表着第三个世界幸存者移居过去的世界各地。

大灵右侧的垂直线是一个时间尺度，标记着几千年的时间。大灵接触的时间尺度上的位置就是他回归的时间。大灵身边的圆圈代表重新开始的时间周期循环。

垂直的时间线右侧是两条横向的道路，一条在上一条在下。上面的道路代表智慧和技术之路，下面的道路代表精神以及人与自然的和谐之路。基督教十字架上方的垂直线代表白人来到霍皮人的故土。上面的道路上有四个人，分别代表以前的三个世界和当前的世界。他们的头部都与身体分离，意思是说智慧和物质之路将不可避免地导致大脑与心灵分离。这些“三心二意”的人已经迷失了方向。

下面的道路贯穿了两个圆圈，据说这代表地球的两次猛烈震动，告诫那些三心二意的人要及时改悔。如今人们普遍接受的看法是，那两次震动指的是第一次世界大战和第二次世界大战。

请注意，上面道路中的第四个人和另外三个人是分开的，这里的意思是说他仍然有机会选择另一条道路。连接两条横线的第二条和最后一条加粗的垂直线代表的是第四个世界人们的抉择时刻。意思是说在第四个世界即将终结的时候——无论具体时间是什么时候——人们将面临抉择，他们会有机会摒弃物质追求，追寻精神之光。如果他们这样做，就可以走上下面的更和谐的道路——一心一意敬奉超然力量的道路。

抉择时刻之后不久，我们可以看到上面的道路就变得凹凸不平，最后彻底结束了。这象征着那些选择留在上面这条道路的人将面临混乱和动荡，最终走向灭绝。选择回到下面那条道路的人将会目睹地球的第三次猛烈震动，这从图中下面道路的第三个圆圈可以看出。第三次猛烈震动是大清洗的时刻，那些漠视大灵发出的警示的人全都会被从地球上一扫而光。在此之后，庄稼会茂盛地生长，所有的人都将一心一意地信仰自然之神。

我明白，预言的很多内容非常令人恐惧，不过其中也充满了希望。就像玛雅预言和印度教的宇宙周期一样，霍皮预言也指出，不仅仅是每个人都可以通过求助于内心对神灵的虔诚获得拯救，而且通过摒弃不道德行为和物质利益，整个世界都可以得到拯救。许多研究霍皮预言的学者坚持认为，预言明确指出，这是一个选择问题——大清洗之日并非注定要到来。但是像玛雅人和《吠陀经》一样，他们似乎也坚持认为，作出抉择的日子或者说最后审判日将很快来临，很可能就在我们的有生之年。只有通过观察猎户座掌握了岁差规律的埃及人似乎持有异议，不认同我们接近世界末日的观点，他们认为当前周期终结的时间是 2175 年，远远超过了我们当今多数人的有生之年。

因此我们这里有四种古代文化——古埃及文化、玛雅文化、印度文化和霍皮文化——一致认为我们似乎已经接近一个周期的终结时刻。这些周期似乎跟岁差有关，或者至少跟天体的运动有关，而且确实有理由认为玛雅长历法终结的2012年和当前喀历时代的终结是有关联的。此外，上述每种文化谈到周期终结时都认为地球上会出现某种物理变化，而且可能规模庞大、后果严重。我们现在还不知道的是到时可能会出现什么情况，以及异常情况会如何出现。单纯谈论磁极转换和太阳耀斑以及其他自然灾害非常简单，但这些现象为什么要在现在发生呢？这段时间有什么特别之处，它与2012时代真正的自然状况是如何联系在一起的呢？

The Choice

Using Conscious Thought and Physics of the Mind to Reshape the World

第11章 扭曲

The Choice

Using Conscious Thought and Physics of the Mind to Reshape the World

在20世纪的大部分时间，物理学家和数学家都在探索实质上相当于物理学领域圣杯的“统一场论”。自从詹姆斯·克拉克·麦克斯韦早期的工作把电和磁力统一为“电磁学”之后，人们就一直在希望有人可以找到一种方法，把特定的“场”中各种力和粒子的行为统一起来，也就是说，希望找到力的冲击波和物质的粒子交互作用并能加以解释的媒介。在当前的情况下，由于量子物理、牛顿力学和相对论存在的种种问题和冲突，根本没有一种理论能够解释我们在宇宙中观测到的一切。自然之“神”和他创造的一切对我们来说仍然是难以捉摸的。

即使我们认为大部分空间都是没有物质和能量的“真空”，但实际上多数真空中都至少存在一些亚原子粒子或辐射能量。要实现这种情况，就必须有一个物质和能量存在的“场”。维基百科把物理学中的“场”定义为“跟每一处空间都有关联的物理量”。换句话说，它认为物理现实是有数值、可以用来描述场的活动的一系列空间点。这样一来，我们就可以把整个宇宙视做一个包含物质或能量的场。

比如地球的引力场就在我们身边无处不在，把我们牢牢地约束在地球上。在引力场的任何位置都可以衡量到以某种方式体现引力场的重力。就引力来说，这意味着我身体的重心位置会与地球的引力场发生关联，而且同时具有方向和“规模”，从而可以看出引力场的强度。在地球表面时，引力场的强度足以让我停留住，但是如果我处在围绕地球旋转的位置，比如说在国际空间站中，那么引力的影响就会非常轻微，我会基本处于失重状态，可以自由地飘浮起来。

场方面已知并被接受的另一方面是场的界定通常取决于它们的影响力。比如地球的引力场就超越了月球轨道，但之后就逐渐减弱，直到最后没有任何影响。统一场的与众不同之处在于，它是类似于背景的一种场，无处不在，连接一切——实际上就是空间本身和其中的所有场，比如地球的引力场，而且没有任何限制。在宇宙中的所有地方和所有时刻，统一场都是同样的强度。在这本书中，我们把统一场称为“以太”，并认为它还存在于更高的维度，但主流物理学则认为在三维的物理现实中，统一场还有待于探讨。

所有这些意味着根据物理学的“法则”，物体之间的力必须通过某种媒介才能彼此产生影响，这种媒介被称为“场”。迄今为止，主流学者还没有搞清楚的就是场的原理，因为不同的力和不同的力场的运作方式似乎有差异，而且并不和谐。已知并被接受的四种力分别是强核力（把类似亚原子粒子的微小粒子凝聚在一起）、弱核力、电磁力和重力。因此，如果没有一个可以接受的场理论来解释这些力量相互作用的方式，物理学就会面对许多问题和矛盾。

正如我在前面有关物理学的几章中阐述的，主流学者将永远无法化解近代物理学的内在矛盾，因为他们缺少关键的数学方面的组成部分：更高的空间维度。由于奥利弗·赫维赛德到如今已经臭名昭著的对麦克斯韦方程式的编辑，现代量子物理学家根本不能理解这一关键问题的工作原理。到今天为止，甚至一些最边缘的主流学者（这个说法有些矛盾）也在涉足超维物理学的某些领域，但他们都是用一些可以接受的别名——比如“量子媒介”——来解释他们在实验中的发现。尽管也撰写了一些超空间和量子时间方面的文章，但纳西姆·哈拉美茵（Nassim Haramein）和加来道雄这样的学者却依然是停留在三维世界的思维方式水平。

即使一些不落俗套的学者，比如大卫·威尔科克（David Wilcock），也仍然把“流体以太”看做三维空间的某种尚未被发现的层面，就像爱因斯坦理论中时空的曲面一样。事实并非如此。以太和所有的相互作用都出现在更高的维度。但是，正如我们此前了解到的，我们可以在三维空间中测量这些联系和相互作用的影响。不仅如此，经过多年的思考和实验（尽管这些通常都被科学界和媒体忽视了），我们已经最终可以找到衡量这些影响的机制，并能加以预测甚至投入实际使用。这就是所谓的扭力。

可度量的张量扭力场概念最早是1913年由伊莱·卡坦（Eli Cartan）博士在一篇论文中提出的。卡坦进一步研究了爱因斯坦的广义相对论，因为它无法解释一种称为自旋轨道耦合的现象。简单说来，原子包含一个包括质子和中子的原子核，而质子和中子这些粒子都由带负电荷的电子围绕旋转。物体旋转（正如我们所知，所有物体都旋转）的同时还在运动时（即朝着特定的方向移动），电子就会有可变的能量输出。这在广义相对论中是绝对不可能的，因此卡坦必须找到某种办法来修正方程式，从而可以解释这种现象。在超维模式中，这种现象可以非常容易地得到解释，因为是旋转本身在产生能量，而随着原子之间的相互作用变化，能量自然会有所变化。不管怎样，卡坦的解决办法就是提出，爱因斯坦的时空不仅是曲线型，而且是扭曲的。（还记得吗？）他称这种运动为扭曲，并把这种场称为“可度量的张量扭力场”。但是，请不要被描述误导。扭曲并不是一个场，以太才是场，存在于更高的维度。扭曲只是一种机制，表示证明以太存在的能量得到了控制。但是按照主流思考方式，各种事物都应该存在于一个三维的“场”中，所以卡坦就提出了可度量的张量扭力场概念。

从理论上讲，扭曲是一种机制，通过这一机制，我们一直在探讨的那些高维能量才可以在空间传播。由于扭曲明显的变化特征，其遗留下来的标志同样应该非常鲜明，体现在能量和物质同样的扭曲、旋转和滚动运动中。维基百科这样的主流科学圈把扭曲斥为“伪科学”，宣称没有证据证明扭曲作用的真实性，宣扬这种观点的人是“欺诈之徒”。现实情况截然不同。实际上有各种各

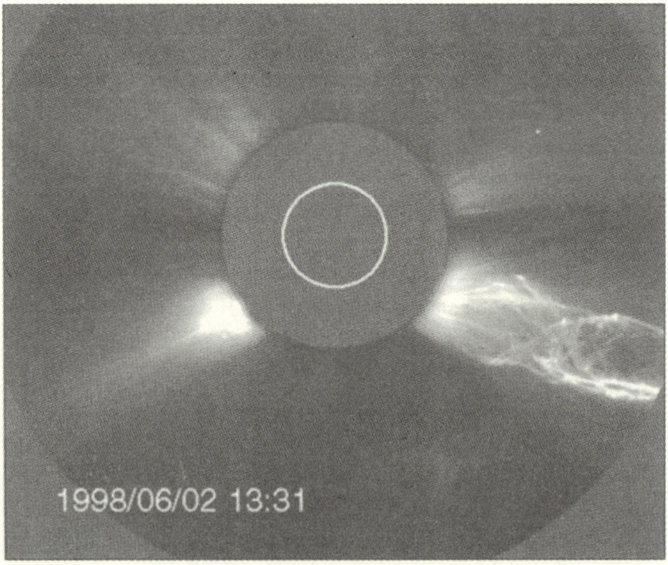

图 11.1　太阳及日光层观测卫星拍摄到的扭曲状日冕物质抛射图（图片承美国航空航天局惠允使用）

样的证据表明宇宙遵循扭曲物理学的种种规则。

美国航空航天局的各种仪器观测到的多种多样的天文现象中，有数不尽的扭曲作用的实例。1998 年，太阳与日光层观测站拍摄到了一幅壮观的太阳耀斑影像，就像庞大的星体 DNA 一样在扭曲旋转。在主流物理学界的书籍中，没有任何理论可以解释这种扭曲运动，但这却是扭曲概念的基础。

另一个例子是太阳围绕银河系中心的转动。从高处俯瞰，转动的轨道是椭圆形的。从侧面看，太阳的运动似乎是波浪式的起伏运动。但此外很少被人提到的是，在太阳围绕银河系中心转动的过程中，它也以一种明显的扭曲模式围绕着旋转轨道的中心线扭曲旋转。

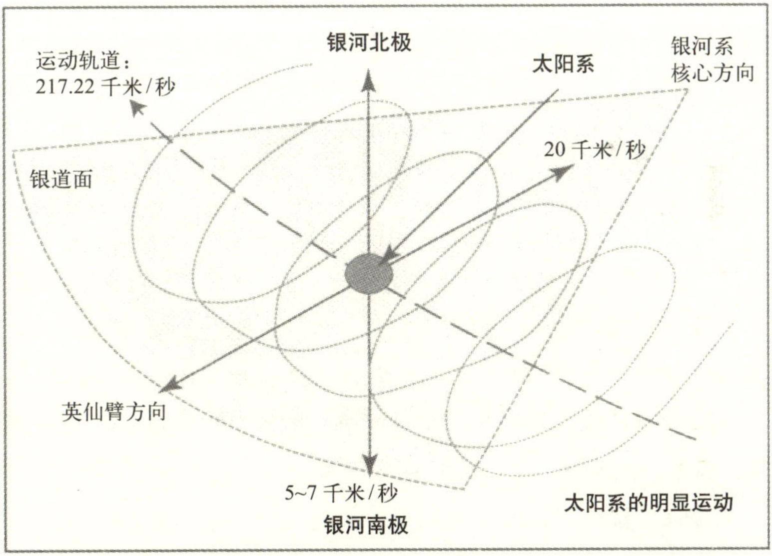

图 11.2　太阳系在银河系的旋转符合扭曲论的各种观点（在椭圆形的轨道上运动的过程中，太阳也会以自旋轨道耦合的方式上升、下降、扭曲和旋转。绘图：克里斯 · 利利）

针对扭曲作为物理学中的统一观这一概念的主要反对意见在于，卡坦最初的工作得出的结论是，扭曲力非常微弱，只会对宇宙整体产生极其细微的影响。按照他的计算，扭力比引力弱30个数量级，而引力已经比电磁能弱40个数量级。因此卡坦在爱因斯坦的理论基础上提出，扭力是微乎其微的静态影响（即它不能自由移动或传播），其局限于比原子还要小的空间中。然而在20世纪70年代，许多研究扭力影响的论文却得出了不同的结论。

在英国物理学家丹尼斯·威廉·夏默（Dennis William Sciama）的主要带领下，一群物理学家和工程师经过研究发现，有两种截然不同的扭曲效果：一种体现在亚原子层面（静态），另一种体现在行星层面（动态）。力度较弱的原子内部的扭曲只局限于不旋转的粒子（如电子），它们本身不辐射较多的能量。但体积较大而又处于运动和旋转状态的物体，比如太阳，却会产生他所谓的“动态扭力场”。换句话说，扭力会因为物体的体积差异具备不同的特点。动态扭力的关键是必须有两种运动，比如太阳在围绕银河系中心的轨道旋转过程中自身的旋转。在动态的条件下，不仅扭力可以产生大量的能量输出，它甚至能以超光速的速度——超过宇宙中已知的速度限制——传播这些能量。这也是布鲁斯·德波尔马博士的旋转小球实验非常完美的原因。通过让球体以超速旋转——每分钟2.7万转，他就可以打开通往更高维度的门槛，从而获取至少足够的能量来让小球比静止的球飞得更高、下降得更快，只要他增加第二个运动条件，把两个球从试验台发射出来。

其他实验也支持夏默的结论。为美国中央情报局和国家安全局工作的哈尔·普索夫（Hal Puthoff）博士也在斯坦福研究所开展了各种针对超感觉感官的研究，还对替代能源理论发生了兴趣。在研究过程中，他对所谓的“零点能”或真空中的能量产生了兴趣。零点能的基本原理是你可以无中生有，这里的“无”是所谓的真空状态。在 20 世纪初期甚至连量子力学理论也还没有被提出的时候，科学家们就在实验中创造了小型真空室来模拟真空的情况。他们首先把全部空气抽走，然后把真空室用称做“法拉第笼”的铅板屏围起来。法拉第笼可以有效地把真空室与任何静电场隔离开来，这意味着法拉第笼内部根本没有任何电磁能量。之后，他们把真空室内的温度降到绝对零度，也就是零下 273 摄氏度。在此温度下，若按照量子理论的说法，所有的物质都会停止振动，也不产生任何热量。可他们发现，真空室却仍然有热量产生。实际上，从理论角度来看，在一个普通的电灯泡里就有足以让全世界的海洋沸腾的零点能。因为温度已经降到绝对零度，所以这种能量被称为“零点能”。这些实验后来被人们广泛讨论，认为由此可以“证明”存在一种目前尚难以检测的三维能量场，这种三维能量场无处不在，可以通过一些新奇的量子设施加以接近。实际上，这些实验真正验证的就是现实世界的多维模式。

关于零点效应不太为人理解的是，尽管都认为法拉第笼中的所有运动都停止了，而且所有的磁力干扰都受到了阻碍，但它远非绝对静止的。它仍然位于每 24 小时旋转一周（时速约 1 000 英里）的一颗行星上，每 365 天围绕太阳旋转一周（时速 6.6 万英里），每隔 2.5 亿~2.6 亿年绕银河系中心旋转一周（时速 48.3 万英里）。因此法拉第笼和其中的一切都在以三种不同的形式高速运动，这足以创造出夏默所谓的那种动态扭力场。所以法拉第笼中的能量并非无中生有般地源自真空，而是来自地球本身运动创造的动态扭力。虽然确实没有任何电磁能量可以从外面穿透法拉第笼，可能量并非来自三维空间，而是来自三维空间之外的地方。

由此得出的启示有点儿令人吃惊。我们不应该浪费时间去探讨“真空的力量”，需要做的应该是把电子装置放入旋转轨道，通过地球在太空中的运动，就应该能够产生力量。

1996 年，美国航空航天局得到了这方面的第一手经验。在执行STS-75 航天任务时，航天飞机上携带了一颗系留卫星，准备利用卫星和航天飞机作为电路的两端来开展一次实验。当时的想法是看一下把地球的电离层和磁场连接起来是否会产生电能。美国航空航天局希望有一天能利用这种技术为航天飞机提供能量，因此希望搞清楚是否可以由此开发一种推进系统。在实验过程中，命名为TSS-1R的这颗卫星被慢慢地安置到了距离航天飞机约 12 英里的距离。在整个过程中，卫星都在经受比航空航天局的模型预测的还要高得多的电压。航天飞机接触到日出的阳光后——基本上处于跟太阳系中的所有能量之源（太阳）排列的位置，一股超过 3 500 伏特的电弧冲击到系统，融化了系绳，使得卫星摆脱了控制。[1] 令人难以置信的是，即使在连接部分断裂、电路在理论上已经中断之后，仍然处于运转状态的卫星依然继续得到了大量电能，这原本是不可能出现的。不出所料，航空航天局的科学家们感觉莫名其妙。据负责此次任务的科学家诺布尔 · 斯通（Nobel Stone）博士讲，“记录的数据确实让你感觉出乎意料、难以解释……卫星发现的电子在电流通过时比我们预料的还要有更多的能量。”[2]

不过说实在话，如果美国航空航天局的伙计们曾经留意过 50 多年来一直没有得到承认的实验研究，他们或许就没有理由为系留卫星实验的结果感到吃惊了。

The Choice

Using Conscious Thought and Physics of the Mind to Reshape the World

第 12 章
探险者效应

The Choice

Using Conscious Thought and Physics of the Mind to Reshape the World

因此，在物理学中广为接受的四种力——强核力、弱核力、重力和电磁力——之外，我想再加上扭力。事实上，如果由我来决定，我会说扭力是自然界最重要的力，而且由于我们并没有真正研究这种力，所以它还是最神秘的力。不过，50 多年来，除夏默和德波尔马外，还有许多研究人员一直在研究扭力，尽管他们并没意识到这一点。

半个多世纪以前，在佛罗里达州的一处海风吹拂的沙滩上，机械扭力场设施的第一次成功测试纯属偶然事件。1958 年 1 月 31 日，美国终于把第一颗人造卫星“探险者 1 号”送入了轨道。我之所以说“终于”是因为，虽然如今我们认为发射卫星是件轻而易举的事，但直到那个时候，对美国人来说，此事实属难圆的梦想。正如电影《星际争霸》中描述的，当时的美国与苏联展开了一场争夺太空优势的政治斗争——被称为“最后战线”，而且远远落后于苏联人。1957 年 11 月，苏联已经发射了有史以来的第一颗人造卫星史普尼克一号（Sputnik I）。这一进展让美国公众大为震撼，因为他们一直认为自己的国家在“太空竞赛”中遥遥领先。考虑到共产主义国家可能从太空中发射核弹攻击的威胁，美国政府的反应是赶紧启动了一项名为“先锋 1 号”的应对任务。结果“先锋 1 号”在发射台上发生了爆炸。绝望之际，美国政府求助于沃纳·冯·布劳恩（Werner von Braun）博士和他挑选的纳粹德国时期研究火箭的科学家组成的团队，希望能够想方设法与苏联竞争。由于他在纳粹德国时期的工作经历，冯·布劳恩被认为是最后的希望。他是火箭研究方面的天才，他的团队最终把有效载重30磅的“探险者1号”送进了轨道，从而令美国扭转了在太空竞赛中的劣势。

但是这次任务差点儿没有成功，或者可以说，至少有那么一段时间，情况的发展确实显露了失败的迹象。

由于卫星追踪网络技术处于极其落后的状态，当时世界各地只有三处卫星追踪站可以接收到轨道中的探险者1号发出的信号。卫星发射90分钟后，按照预定安排，应该由圣迭戈附近的一个卫星追踪站接收探险者1号已经进入轨道的确认信号。由于未能在预定时间内接收到信号，到1958年1月31日中午12点30分的时候，大家都以为卫星已经失踪。10分钟后仍然没收到任何信号，这时几乎可以确定无疑了，卫星未能进入预定轨道。不过就在此时，即中午12点42分的时候，期待中的信号终于出现了，真实而强烈。原来延迟是因为卫星莫名其妙地进入了比预定轨道位置更高的轨道。[1]

可以说，出现这种情况的概率之低如何强调也不过分。因为科学家们都是使用所谓的火箭方程式来计算发射周期和预定的轨道弧度。我不想讲述细节来让你厌烦，但事实是这种类型的计算错误根本不可能出现。因为火箭的推力、空气的阻力，以及处于不同高度时引力的差异都是可以非常容易地被计算出来的已知数据。但不知何故，探险者1号最后的轨道位置居然超出了预定的轨道位置接近60%。此后几十年间人们提出了各种各样的常规解释，但是没有一种说法能够经得起推敲。[参考理查德·C·霍格兰撰写的“冯 · 布劳恩：美国航空航天局绝密 50 年”（Von Braun’s 50-year-old NASA secret）一文。][2] 然而，探险者 1 号如此偏离预定轨道存在一个完全站得住脚的理由（尽管从科学角度讲难以接受）。这是因为扭力效应。

火箭引擎有两种类型，分别使用液体燃料和固体燃料。液体燃料引擎一般是首选，因为通过利用机械阀调整燃油和空气的流量，你可以改变引擎的推力并节省燃油。固体燃料火箭引擎（当时称为“马达”）不能调整，因为一旦燃料开始燃烧，就只能到燃料耗尽才会结束。发射探险者 1 号的“木星号”火箭是一颗四级火箭，一级使用液体燃料，三级使用固体燃料。因为当时固体燃料火箭的燃烧率很不一致，整个第三级火箭的组装转速就是每分钟 750 转。之所以这样做，是因为旋转整个组合体可以很简单地平衡不一致的推力。出乎意料的是，出于冯 · 布劳恩搞不清楚的原因，这样做为火箭系统增加了大量能源，结果探险者 1 号进入了比预定轨道高得多（高出 600 英里）的轨道。因为无法解释这一现象，冯 · 布劳恩和美国同事们在此后几年中一直在探讨这个问题。在其后的太空任务中，比如其他探险者火箭和新的先驱者火箭，也都出现了同样怪异的过度表现。即使是制导和导航技术领先美国数年的苏联，似乎在太空中也无法做好最基本的牛顿力学运动。他们第一次尝试让人造地球卫星“登陆”月球（基本就是以撞击月球的方式）时彻底错过了目标，相差将近 3 700 英里，超过了月球本身 2 160 英里的直径。1959 年初，不断升级的此类事件达到了顶峰，美国喷气推进实验室建造的卫星“先驱者 4 号”原本准备登陆月球，结果误差却达到了令人大跌眼镜的 3.7 万英里，超过月球直径的 17 倍。

这同样也是不可能出现的情况。一旦摆脱了地球引力，计算进入月球的轨道就像拿傻瓜相机拍照片那么简单了。这被称做是“弹道轨迹”，意思是说就像出膛的子弹一样直达目标。因为太空中没有空气阻力，轨道中重力的影响也微不足道，所以从地球的轨道登陆月球可谓小菜一碟。然而，甚至有些计划中带有中途修正预案的卫星也没有到达月球，而且误差惊人。如果这种趋势继续下去，那么整个太空时代可能永远也不会出现，因为无论是美国还是苏联，似乎都没有找到可行的解决方案。

但沃纳 · 冯 · 布劳恩和他的团队最后肯定意识到了：如果希望航天器在太空中遵循传统的牛顿力学，那么第一条规则必须是：不要让它旋转。我们可以推断出这一点，因为几乎就在先驱者 4 号以超出月球直径 17 倍的距离与月球“失之交臂”后，他们立刻放弃了固体燃料火箭、旋转的上面级，以及所有相关的并发状况，改为使用当时风险更大、可靠程度更低的液体燃料设计方案。

决定扩展火箭设计模式、开始建设全新的航天器之后，冯 · 布劳恩［与航空航天局喷气推进实验室的威廉 · 皮克林（William Pickering）合作］启动了“徘徊者”系列月球无人探测器项目。“徘徊者”系列探测器的设计目的是完成“先驱者”探测器未竟的使命：登上月球。“徘徊者”系列探测器的任务过程如下：向月球发射，途中校正一次，最后在月球表面降落。“徘徊者”项目的实施时间是在 1961~1965 年，从一开始，这一烧钱速度惊人（就当时来说）的项目就受到了种种问题的困扰。

使用液体燃料的两级助推火箭“宇宙神/阿金纳”上搭载的两颗“徘徊者”探测器都没能进入预定轨道。徘徊者 3 号探测器进入了太空，可仍然完全错过了与月球的交汇，不过这次情况比之前略有改善，误差减少到 2.2 万英里。尽管“探测器中央计算机的某个计时器出现明显故障”，徘徊者 4 号却不知怎地最终降落到了月球的远地面。情况的发展肯定让人感觉冯 · 布劳恩距离解决这个难题越来越近了。

按照这个发展趋势，徘徊者 5 号原本应该成功登陆月球的，可却在 450 英里的距离之外仍然与月球擦肩而过。徘徊者 6 号成功地按照预定方案登陆月球，可是上面的摄像机却出了故障。直到 1964 年的时候，徘徊者系列探测器的发射才算彻底取得了一次成功，当时徘徊者 7 号实现了所有探测目的，并准确地在预定地点着陆。

其中有何奥妙呢？难道冯 · 布劳恩通过反复实验解决了探险者卫星存在的问题？如果解决探险者效应的关键就是放弃上面旋转的多级火箭，那为什么徘徊者 3 号探测器仍然以 2.2 万英里的误差错过月球？跟承担探险者发射任务的“木星号”火箭一样，它也没有上面的旋转部分。正如你将看到的，徘徊者 3 号正是证明规则存在的例外情况。

正如理查德 · 霍格兰在他的网站上所写的，沃纳 · 冯 · 布劳恩曾坚决反对绕月轨道会合的观点，而这种把人类送上月球并安全返回的观点在当时非常流行。绕月轨道会合需要把火箭送入地球轨道，然后发射两个独立的设备（一颗轨道飞行器、一辆月球登陆车）到月球上去，在那里二者分开，然后登陆器登陆月球，在到月球轨道汇合准备返回地球。与此不同的是，冯 · 布劳恩主张一种支出更加庞大、更有难度的方法，称为“直接上升法”。直接上升是指火箭发射、登陆月球、返航都是一体完成。对于登月来说，坚持这种毫无疑问支出更庞大、风险更高的策略根本没有任何意义，只不过当时的背景是探险者探测器的异常状况。如果探险者效应这么明显，那么单纯把一颗小卫星送入地球轨道，在地球轨道会合，然后前往月球，之后再会合的做法根本就是不可思议的。可是突然间，冯·布劳恩改变了自己的观点，在1962年的一次设计评审会上接受了绕月轨道会合的观点，让周围的同事深感震惊。现在看来，原因很明显，就是因为徘徊者4号。

徘徊者4号发射于1962年4月，距离那次关键的绕月轨道会合方案评议会议只有几个月的时间，目的是完成其他美国飞船始终没有完成的使命：瞄准月球、定向登陆。当时冯·布劳恩肯定很有信心，感觉已经解决了探险者探测器的超出正常问题，可以加以完善。但真实情况是，徘徊者4号根本不应该成功登陆月球。不管从哪个角度来看，它都不应该到达目的地。想想看，徘徊者4号的设计是以弹道轨迹发射进入太空（就像子弹一样直线飞行），然后直接降落到月球表面。探测器途中安排了一次中途校正。有趣的是，如果不存在真正的"探险者效应"，那么这样的中途校正根本就没有必要。你只要准备好火箭，把飞船发射到目标位置，然后就可以按时到达月球。

当时的情况的确如此，但其实不该是这样的。

问题在于，发射之后，徘徊者4号立刻出现了无线电故障，无法执行中途校正任务，甚至无法利用其太阳能电池板。这样一来，发射几个小时后，它就耗尽了能源。那么它又是如何登陆月球的呢？徘徊者3号根本没出现这类故障，但却仍然以2.2万英里的误差错过了月球。

答案是，他们根本没有停止徘徊者探测器上的旋转。

在先驱者4号以3.7万英里、徘徊者3号以"仅仅"2.2万英里错过月球后，冯·布劳恩肯定感觉自己已经开始渐入佳境。他肯定认为停止飞船的旋转后登陆月球就将是小事一桩了，因为系统的所有异常问题都得到了修正。可是没想到，和此前的"探险者"以及"先锋"系列探测器一样，徘徊者3号居然发生了"助推制导系统故障，从而导致出现超常规的飞船速度”。尽管中途曾经加以校正，飞船却没能更加接近目的地。实际上，根据后来的分析，校正根本没有改变飞船的轨道。由于“超常规的速度”，飞船出发时偏离方向约 2.2 万英里，尽管经历了一次中途校正，但却始终偏离航向 2.2 万英里。（同样，按照公认的物理定律，这也是不可能的。）因此如果推进器没有旋转，那么徘徊者 3 号额外的推动力源自何处？为什么徘徊者 4 号没有同样的表现？为什么它几乎非常准确地命中登陆目标呢？

原因在于，甚至对于不旋转的飞船和火箭来说，在它们的助推器和成组仪表中，都会包括一样始终旋转的东西（哪怕设备本身不旋转），那就是陀螺仪。

所有航天器和相关的运载火箭本身的惯性导航系统上都有为数不少的旋转的陀螺仪。这些设备和称为加速计的其他设备实际上起到了导航作用，为地面导航提供了三维坐标。对于希望到达远距离之外目的地的飞船来说，这些设备可以提供绝对关键的参考。但为了做到这一点，陀螺仪总是要处于旋转状态，而且它们的旋转速度（每分钟至少 1 万转）要远远超过“木星”号火箭前端每分钟 750 转的缓慢转速。在 20 世纪 70 年代，德波尔马开展的实验已经证实，快速旋转的陀螺仪这样的小型系统实际上会比转速更加缓慢的较大系统产生更明显的扭力影响。

因此，徘徊者 3 号以 2.2 万英里的误差错过月球时（尽管有过一次不幸的中途校正），它的运转实际上是正常的，而且能量充足，上面的陀螺仪也在旋转。徘徊者 4 号从 24 万英里之外准确地在月球降落，而且没有中途校正，它已经是一颗丧失生机的航天器，能源耗尽，陀螺仪停止运转。它只不过就像弹道轨迹中的一颗子弹，没有讨厌的旋转陀螺仪来给系统增加能量、改变飞行的路线。

肯定是在 1962 年 4 月的时候，沃纳 · 冯 · 布劳恩明白了过来，即使飞船本身不旋转，只有陀螺仪旋转，探险者效应同样也会出现。此外，这两次航行使用的是几乎完全相同的硬件设施，肯定给他提供了调整制导方程式中校正方面所需的关键数据。他有了补救探险者效应、把人类送上月球并返航所需的一切。从那个时候开始，他已经可以采纳费用低廉得多的绕月轨道会合方案，而且单纯就因为那些测试数据，造价极其昂贵的“徘徊者”系列飞船就已经很有价值了。

但是，即使在解决了飞船制导方面的难题之后，冯 · 布劳恩显然还在怀疑基本的物理定律存在非常严重的问题。我们之所以这么说，是因为几乎从探险者 1 号之后，他就立刻开始寻求一些很有意思的指导。

阿莱效应

莫里斯 · 阿莱（Maurice Allais）是法国经济学家，1988 年，因为“对市场理论及资源有效利用方面作出的开创性贡献”，他被授予诺贝尔经济学奖。除经济方面的持续兴趣外，在传奇般的学术生涯中，他也曾不时地涉足物理学领域。20 世纪 50 年代后期，在法国的一次日全食期间，他开展的一系列观测从根本上震惊了科学界。

做这些实验时，阿莱最初的兴趣是为了检验爱因斯坦关于引力和磁性联系的一些观点。（换句话说，当时他在做实验研究统一场理论。）在诺贝尔奖的获奖感言中，阿莱指出，“最初我的主要观点是：通过观察包含一颗玻璃球在磁场中震荡的钟摆运动，可以在磁力和引力之间确立某种联系。”结果他的发现让自己大吃一惊，也震惊了整个法国科学界。

在一个多月的时间里，阿莱和一组专心致志的研究人员轮流摆动一个类圆锥摆——他发明的一种自由摆动的装置，从两个垂直方向明显地自由摆动。他的想法源自所谓的“傅科摆”——法国物理学家莱昂·傅科（Léon Foucault，1819~1868）发明的一种类似的装置。1851 年的时候，傅科摆首次被用于展示地球的自转。工作原理是把它设置成在固定的平面上来回摆动，略过一段时间后摆动方向的偏移证明地球的自转。阿莱的类圆锥摆和傅科摆不同，是随着地球的自转自由旋转。让他和其他人感到吃惊的是，在 1954 年巴黎上空的日偏食过程中，他的类圆锥摆并没有像傅科摆那样继续随着地球的自转而摆动，而是突然开始非常迅速地向后方转动，跟地球的自转方向正好相反，而且在整个日食过程中始终如此。日食一结束，类圆锥摆就恢复到了原来的运动方式，和地球的自转保持一致。

在封闭的符合牛顿和爱因斯坦物理定律的现实世界中，这绝对是不可能的事。没有哪种已知的力可以通过这种方式从远处影响钟摆，不管是重力、磁力还是电力。毫无疑问，这一结果让得悉此事的人数相对较少的法国科学界受到了冲击。人们提出了几种可能性来解释为什么这一实验结果违反已知的物理学定律。有人说日食过程中高空风在某种程度上影响了重力，也有人说气压变化对实验产生了影响。针对这些说法，阿莱（他对实验结果的效度非常有信心）在 1959 年的一次日偏食过程中做了另一个完全相同的实验。这次他在接近地下 200 英尺深的一个经过专门设计、环境因素得到控制的实验室里开展实验，结果却完全一样。

阿莱研究成果的真正价值可以说怎么强调也不过分。他发现，3 颗天体（太阳、地球、月亮）的排列不仅仅会导致他的类圆锥摆动作极端异常，而且根本看不出有什么力量可能影响到它。当然，我们现在可以得出结论说这是扭力效应，是类圆锥摆（来回运动属于局部旋转）和地球本身的旋转造成的。他的实验也进一步证明了“以太”的存在，因为不仅没有任何从科学角度接受的力量从远处影响到了类圆锥摆的运动，而且除了“以太”之外，没有任何其他已知的媒介可以让这种力量传播。阿莱自己也呼吁要重新考虑爱因斯坦在相对论方面的所有工作，因为他的实验彻底颠覆了引力“定律”。

因此，和此前尼尔森在美国无线电公司开展的研究一样，阿莱的实验表明，占星术在物理现实中也有一定的基础（日食期间的星体排列和占星学中的星体合点类似）。在进一步的实验中，他也有了一些更有趣的发现：影响并不是各向同性的，也就是说，并不是均衡地向各个方向传播。它具有科学家们所谓的各向异性特点，也就是通过特定的方向传播——从太阳到月球到地球。

这些年来，也曾经有些人希望验证一下阿莱的研究发现，结果却各有不同。1999年，美国航空航天局的物理学家戴维·内弗（David Noever）博士计划在当年8月的日食期间开展实验，验证一下阿莱的研究发现。他成功地说服几家欧洲实验室（还有中国的一家实验室，因为中国也处于此次的日食带上）准备了钟摆。阿莱为内弗撰写了篇幅很长的情况介绍，解释说实验设备、程序和方式都非常特殊。他不无惋惜地指出，20世纪70年代和80年代一些较新的尝试结果令人痛心，甚至暗示说许多实验甚至从开始筹划就注定了要失败。

“科学已经沦落了（至少40年）。我的实验不仅没有得到（妥善）跟进，甚至还被成功地遮蔽了起来。”他写道。[3]看看随后发生的事情，我们确实很难对他的说法提出异议。

置阿莱建议的程序于不顾，内弗博士在世界各地展开了实验，使用的钟摆正是阿莱认为很可能不会带来积极结果的类型。日食结束后——美国航空航天局在网站[4]上标榜这次实验是“阿莱效应”的最终答案——内弗仅仅收集了一下数据，然后就彻底玩起了失踪。按照计划，他本该为Aperion出版社的一本引力方面的论文集[5]撰写一篇关于这次实验的特约文章，可是据编辑马修 · R · 爱德华（Matthew R. Edwards）讲，内弗始终没有提交文章。“是的，很遗憾，我们始终没收到戴维 · 内弗的文章。我不知道是什么原因，他就是杳无音信。毫无疑问，他的欧洲同事也有同样的遭遇。他们说他离开了美国航空航天局，还带走了全部实验数据！有谁知道这背后有什么故事，以及1999年实验数据的去向吗？”[6]

内弗和他的团队成员再次露面是在一家私人网络公司，而且他几乎没有作过任何关于1999年日食期间实验结果的评价。最后，有些实验结果在开展实验的国家得到了发表，但是，尽管使用了错误类型的钟摆，有两个实验还是得到了积极的结果。一个实验的结论是，“观察到的偏差处于预期的承受范围内，不应被视为异常情况。”[7]我感觉这种说法有点儿让人好奇。你看，问题在于根本不应该有任何“观察到的偏差”。钟摆不可能向后旋转。就是这么回事。他们的说法实际上应该是：“噢，我们发现了相同的效应，不过我们轻描淡写地处理了。”

在我看来很有趣的是，在英语国家，如果不是因为美国航空航天局沃纳 · 冯 · 布劳恩博士的辛勤工作，那么几乎没人会知晓莫里斯 · 阿莱和他的实验情况。探险者1号发射出现离奇的外来能量效应之后不久，冯 · 布劳恩就开始悄悄地探寻世界各地涉及重力的各种实验。（请注意：和探险者效应一样，阿莱效应跟重力本身没有任何关系，但在那个时候，因为谁也不懂扭力和超维物理，大家认为可能引起所观察到的现象的唯一一种力就是地球引力，因此冯·布劳恩在这方面下工夫。）他最早接触的是联邦德国理论物理学家伯克哈德·海姆（Burkhard Heim）。海姆写了一篇文章，探讨利用某种统一场方程式为太空旅行创造“节能场推进系统”。冯·布劳恩很快就发现，原来海姆没有钱进行实验，于是求助于阿莱，安排把他用法语撰写的研究文章在美国用英语发表。毫无疑问，从这些举措可以看出，冯·布劳恩很清楚当时的物理学模式存在某种严重的纰漏。同样很清楚的是，他想出了某种办法来解决系统旋转带来的额外能量问题，因为我们确实登陆了月球并且返航，而且现在可以轻松地让两个航天器会合对接。但在太空时代的初期这却是很难实现的。

因此，要搞清楚美国是如何征服探险者效应从而把人类送上月球的，只需要简单地做一些侦查和推理工作就可以了。迄今为止仍然是不解之谜的，恰恰是苏联人如何解决了这个同样的问题。

尼古拉·亚历山德罗维奇·科济列夫

尼古拉·亚历山德罗维奇·科济列夫（Nikolai Aleksandrovich Kozyrev，1908~1983）是苏联物理学家，在 20 世纪初期物理学的黄金时代具有相当的知名度。发表第一篇科学论文时，他才只有 17 岁。还不到 30 岁的时候，他就已经成了苏联当时最著名的学者之一。1931 年，他开始在列宁格勒（现圣彼得堡）南部的普尔科沃天文台工作。1936 年，一名心怀不满的研究生揭发说天文台员工中的某些成员背叛了国家和斯大林，结果包括科济列夫在内的所有成员都被逮捕，送进了苏联的一处劳改营，并在那里度过了曲折的 10 年。

出狱后，科济列夫开始沉思世界和宇宙本身的真实属性。他考虑的事情之一是生活中许许多多的模式，尤其是自然界中的美。在思考的过程中，他开始感觉到：物质生命存在着明显的螺旋状模式，他也开始明白这种模式肯定受到了某种内在的自然力量的驱动。他发现，许多生命形式，比如鹦鹉螺，甚至简单的细胞质，都以同样的螺旋式发展。他得出的结论是，这种螺旋运动——显然是扭力在起作用——只不过是时间的物理表现形式。他意识到，时间远远不只是衡量持续过程的一种手段。时间是具体的向前运动，没有时间一切都不能存在。他开始认识到：爱因斯坦的“时空”这一组成宇宙本身的材料始终处于扭曲、旋转、运动过程中，而且正是这种永恒的向前运动使得现实世界成为可能。在他看来，万事万物都源自运动。没有运动就没有能量，没有能量就没有一切。没有历史，也没有未来，也没有运动。因此如果完全没有运动——向前的螺旋运动——那么时间本身也将停止。

这种观点听来非常抽象，不妨考虑一下这个例子。如果明年的一次飓风吹倒了佛罗里达州的一棵棕榈树，那么这就是运动的结果。地球在宇宙中的运动创造了飓风需要的能量。棕榈树被吹倒是未来的事件，是时间元素，也是永恒的向前运动的结果。

他最后发现，这种螺旋运动是所有生物的自然增长模式，于是他决心在自己的有生之年研究在劳改营期间遭受痛苦时获得的基本观点。1946 年从监狱获释并得到“平反”后，科济列夫就开始集中精力完成入狱之前就已经开始撰写的博士论文。

他选择的题目是跟在德米特洛夫镇监狱拯救了他的生命相同的内心之光的来源。因为这种个人经历不怎么适合作为物理学博士论文的选题——尤其是在当时的苏联，科济列夫选择了探讨太阳内部的热源问题。在他监禁期间，科学界认为太阳的能量源自持续不断的核聚变反应的观点已经站稳了脚跟。尽管如此，科济列夫毫无畏惧，从几个方面对星体融合理论提出了异议。首先，如果太阳这样的星体内部确实在发生热核反应，那么太阳内部的温度应该是2 000万度左右。科济列夫的计算表明，太阳内部的温度充其量也就是600万度左右，和表面的温度相同。其次，他指出，如果整个太阳就是一个热核熔炉，那么考虑到太阳本身的质量，它释放出的能量——可以用表面温度来衡量——应该远远超过600万度。从他的研究中，科济列夫得出的结论是：太阳这样的恒星根本不是核聚变的熔炉，它们是旋转的能量门户、能量机器，它们发出的热能只不过是为了调整内部的热能，以防止产生过多的能量。

这些年来，科济列夫的理论可谓毁誉参半，但迄今为止他对太阳内部能量来源所作的研究还没有被人驳倒。要证实恒星只是核聚变熔炉的观点，关键问题之一是要证明中微子的存在。如果星体的核心确实有核聚变发生，那么作为这种核聚变反应的副产品，太阳就应该释放出可以预测的一定数量的中微子。初次测量太阳的中微子排放量后发现，数量只有预测的1/3。后来的观察也没有发现任何变化。于是，一如既往地，和他们应对暗物质和其他科学问题时的处理方式一样，天体物理学家们不是接受标准太阳模式存在根本谬误的观点，而是着手“证明”中微子从一种类型变成了另一种类型。按照这种痛苦的逻辑，物理学家们如今得出的结论是，如果你把太阳释放出的各种类型的中微子——甚至包括那些不是源自星体融合的中微子——累计起来，仍然可以证明太阳所有的能量输出都来自热核聚变。在他们的论文中，这些小中微子究竟是如何神奇地把成分变成另一种类型，始终没有得到像样的解释。还是同样的道理，如果你探讨的问题威胁到既定的正统观念，这就是你可能遭遇的那种逻辑。

获释之后，科济列夫的确花费了多年的时间研究这一核心问题，他开展的实验表明：太阳的热能之源正是时间的一种功能。按照他的时间概念，他的真实观点是说太阳的能量源自旋转和向前的运动；换句话说，按照科济列夫的模式，时间和扭力是一回事，它们都是运动的功能。

可悲的是，尽管经历了重重磨难，科济列夫却没能活着看到此后有一系列实验证明了他的观点——以及阿莱、德波尔马和冯·布劳恩的观点。这些观点不仅从科学角度看是正确的，而且在时间的流动过程中跟我们的时代可谓息息相关。

The Choice

Using Conscious Thought and Physics of the Mind to Reshape the World

第 13 章

2012 金星凌日

The Choice

Using Conscious Thought and Physics of the Mind to Reshape the World

正如我们在第8章中所了解到的，玛雅人对金星很感兴趣，更具体地说，他们对金星极其罕见的凌日现象非常感兴趣。用天文术语来讲，“凌日”实质上就是一次微型日食——一颗行星或其他天体从地球和太阳之间通过。金星凌日非常罕见。事实上，自从发明望远镜以来，2004年前只出现过6次金星凌日现象：1631年，1639年，1761年，1769年，1874年和1882年。由于金星轨道的异常情况，每种类型的凌日出现的时间间隔是243年，间隔8年的同一种类型的两次凌日与别的类型又有121.5年和105.5年的间隔。也就是说，在地球上观测，金星出现在太阳之前共有两种情况，期间间隔8年，与另一组的间隔分别是121.5年和105.5年。或者也可以说，每243年会出现4次金星凌日现象。最近的一次金星凌日发生在2004年6月8日，世界各地的望远镜和相机都目睹了这一奇观。下一次金星凌日的时间是日食结束几天之后的2012年6月5日至6日，而这一年显然恰好也是玛雅人的长历法结束的年份。考虑到德累斯顿抄本中记载的玛雅人追踪金星运动的癖好，以及抄本中把当前长历法周期的开始称做“金星的诞生”这一情况，在我看来，当前的长历法周期终结和金星凌日这样罕见的天文事件发生在同一年似乎有点儿不太可能。正如约翰·梅杰·詹金斯和其他人认为玛雅人肯定知道长历法周期在

2012 年冬至结束一样，我认为他们肯定也知道历法周期的终结和金星凌日出现在同一年。凭他们的聪明程度，不可能不知道这一点。

毫无疑问，玛雅人认为金星凌日非常重要，但显而易见的问题是为什么重要。回顾一下历史上的许多次金星凌日现象，我们可以发现，它们似乎总是发生在大变革和社会动荡时期。1518 年和 1526 年发生了一组金星凌日现象，那正是埃尔南·科尔特斯（Hernan Cortez）在墨西哥登陆、征服古阿兹特克人的时期。机缘巧合，当时阿兹特克人正在期待羽蛇神库库尔坎的回归，他们误以为科尔特斯就是羽蛇神，于是直截了当地臣服于他。1631 年和 1639 年出现下一组金星凌日之后，太阳黑子周期曾经几近终止。这种状况持续了大约 70 年，跟 1645~1720 年之间的“小冰河时代”正好大体一致。下一组金星凌日发生在 1761 年和 1769 年，正是美国独立战争的初期。1874 年和 1882 年金星凌日之间那个阶段正是新时代运动的早期，出现了各种神秘组织，包括通神学会、玫瑰十字会、圣殿骑士团等。正像我在第 2 章中略微提及的，这意味着地球上可能有某种潜在的现实影响推动着这些周期的发展。

如果我们看一下 1631 年和 1639 年的那一组金星凌日就会发现，正是这段时间之后太阳似乎进入了休眠状态。而在 18 世纪后期和 1874~1882 年间的凌日期间，我们却发现人类的思维过程发生了变化。或许在金星凌日周期中间存在意识变化的模式，在凌日之后宇宙中会出现物理变化。如果是这样的话，那么我们现在应该处于一种能量转换过程的进程之中。

有些研究玛雅文化的学者认为，金星代表所谓的“神圣的女性”。“神圣的女性”是一个占星学概念，认为女性的关爱、培养和同情属性将会取代跟冲突和民族认同相关的更具男性特质的属性。他们认为，2012 年的金星凌日是金星诞生——也就是当前的长历法周期开始——之后到女性特质更鲜明的新时代到来之前这一阶段的终结标志。一直以来，金星都是跟关爱、美丽、艺术、心灵等这类女性所具有的特质相关联。我确实感觉很有趣的是，2004 年金星凌日以来，我们的思维方式似乎有些转变。越来越多的美国人厌倦了海外战争，而经济方面的不稳定也受到了民众对当前货币体系缺少信心的影响。大家对政府工作人员动机和诚实度的怀疑也达到了前所未有的水平。就像 1761 年及 1769 年那组金星凌日之后发生了美国独立战争一样，现在变革似乎也即将到来。越来越多的美国人开始质疑我们社会的基本信条。如果不能说从独立战争时期开始，那么至少从大萧条时代以来，这是极其罕见的情况。卡勒曼、詹金斯等研究玛雅文化的学者认为，德累斯顿抄本和玛雅历法是人类意识发展的路线图。从上面的情况来看，这是否意味着他们的观点是正确的呢？这个问题我们稍后会加以探讨，目前更让我担心的是，1631 年和 1639 年的金星凌日有没有可能影响到了太阳的能量输出。

如果像他们说的那样，历法周期的终结在某种程度上跟太阳的能量输出有关，那么其中的物理机制是怎样的呢？还是那个问题，这是否跟金星凌日有关？还是像某些科研论文所说的那样是因为木星和土星的影响？从阿莱效应我们已经知道，日食会通过超维的“以太”引起轻微的震动，这是可以用阿莱的钟摆那样的仪器加以测量的。以此为基础，跟我合作撰写《暗黑任务》一书的理查德 · 霍格兰在 2004 年和 2006 年开展了一系列实验。他所希望做的，是一劳永逸地明确这一事实：所有天体的排列，比如阿莱在法国做实验时的日食和 2012 年即将发生的金星凌日，能够而且确实创造一种震撼力——一种可以改变我们的思维甚至我们的星球的可以测量的扭力。

为了达到这个目的，他首先回顾了布鲁斯·德波尔马博士利用音叉做的实验。德波尔马发现，音叉对他的旋转试验台产生的扭力能量波非常敏感。这是因为震动这种迅速的前后移动实际上就是部分的旋转，而据我们所知，旋转是释放这种积聚的超维能量的关键方式。德波尔马使用的音叉是从当时的阿克特隆手表中取出的，因为这是那个时代最精准的计时器，每个月的误差只有约 1 分钟。

为 2004 年的实验选择的地点是美国佛罗里达州东南部著名的珊瑚城堡（那个地方本身就是一个完整的故事）。之所以选择这个地方，部分原因是因为 2004 年金星凌日接近尾声、金星正要从太阳表层经过时，在美国观测，太阳本身将从大西洋的海平线上升起。因为这会创造出一种类似美国航空航天局的系绳卫星实验的星体排列方式，所以物理角度的日出似乎是衡量扭力效应的绝佳时机。结果发现，测量到的影响不仅极其明显，而且非常惊人。金星越过太阳表面时，音叉的震动加快了很多，正是由于金星凌日的影响，它接收到了更多源自“以太”的能量。但是分析一下数据之后你会发现，最让人感兴趣的地方在于能量高峰的位置。高峰正好出现在所谓的“接触”条件下。

在几何学中，如果两个物体的边缘交叉或接触，它们被称为处于“切面”关系。在天文学中，同样的几何条件被称做“接触”，基本的意思就是说金星的一处边缘“接触”到了太阳的一处边缘，至少从我们地球的角度看是如此。如果金星的外缘接触到太阳的外缘，这称为“外部接触”。如果金星的内缘跟太阳的边缘相切，这被称为“内部接触”。至于 2004 年的金星凌日，对音叉影响最大的时刻是在金星星体从太阳与地球之间经过以及跟太阳可以看见的边缘排列在一起的时刻。实验表明，这些具体的边缘排列对音叉的正常震动起到了最明显的影响。

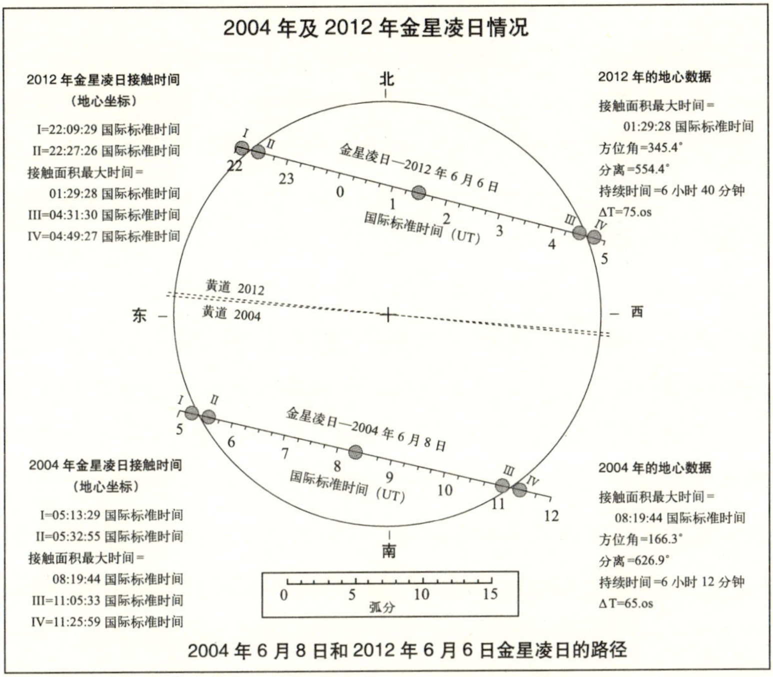

图 13.1　2004 年和 2012 年的金星凌日接触部位示意图（图片承美国航空航天局惠允使用）

金星最初接近太阳边缘造成自己的小型日食后，小音叉的震动就加快了速度。正如已经预测到的，接触情况下以及金星旋转轴和太阳盘面的延伸部分对准时产生的反应最为强烈，远远超出了误差的界限。实际上，音叉最明显的频率变化正好发生在第三次接触的时候，也就是金星的边缘“亲吻”太阳的东部边缘的时候。震动的幅度从相对安静的 360 赫兹（每秒周期）上升到了 364.5 赫兹。如果把实验用的这个音叉放进一只手表中的话，那么这一加速将会导致每天走快 12 分钟，而正常情况下每月的误差只有 1 分钟。换句话说，就像阿莱的钟摆效应一样，就在接触的那一刻，金星上的某种东西已经从 2 500 万英里之外对小小的音叉产生了影响。

实验清楚地证明：太阳系主要成员的星体排列能够而且确实对地球施加极其强大的影响，而且这种影响从物理角度是可以测量的。此外，如果某种几何排列方式到位的话，这种扭力波可以有非常大幅度的增加。

就凌日过程中的全部测量结果来说，影响最强大的时刻是在第三次（内部）和第四次（外部）接触的时候，甚至在金星已经脱离凌日位置之后，音叉还继续震动了好长时间。这就是说，物理影响最强烈的时候——或者说震撼力最强大的时候——出现在凌日排列结束之际，而且此后还会继续震动很长一段时间。这让我想起了普林斯顿全球意识项目在“9 · 11”恐怖袭击期间的测量结果——当时对仪器影响最强烈的能量也是出现在袭击结束之后。

所有这一切都很有趣，但也许还不足以令人信服。说实在话，虽然发现了可以测量的影响，虽然实验确实跟所有现存的物理学定律不一致，但这种力量却还不够强大，不至于引起我们的物理环境或情感体验方面的重大变化，至少不会给我们明显的感觉。跟地球磁极颠倒、地轴倾覆，甚至引发第二次美国革命运动相比，反应敏锐的小音叉的震动确实算不了什么。但是，我们应该记住，我们身上的每个细胞、每个原子都在震动，如果我们收到源自太空的信号，它们很可能会以非常微妙的方式改变我们的意识，就像那些音叉的变化一样。不过，下面的一组实验跟我们当前探讨的问题和 2012 年的金星凌日现象却有更多的相关性。

珊瑚城堡的实验取得成功后，理查德决定在他的故乡、新墨西哥州的阿尔伯克基市做一组后续实验。再次准备好音叉实验台，他决定测试一下范围更大、更具相关性的太阳、地球以及银河系中心的排列是否会产生同样的影响。

2012 年银河系的排列情况

正如我们已经证明的，日食和金星凌日这样的天体排列确实会对地球上反应敏锐的仪器产生可以测量的影响，尽管按照主流物理学界的观念这是不可能的事情。无论是重力、磁力，还是大自然中任何其他已知的力量都不会产生这样的影响，但是这些影响却明显是真实无误的。在这些实验中，只有扭力可能影响到那些仪器，尽管因为没有得到深入研究，我们对扭力知之甚少。从理论上说，2012 年 12 月 21 日“银河系的天体排列”将会让珊瑚城堡的实验中观察到的细微影响相形见绌。

玛雅历法中“银河系的天体排列理论”最早是约翰 · 梅杰 · 詹金斯在他的著作《2012 年玛雅宇宙的生成》(*Maya Cosmogenesis 2012*) 中提出的。由于岁差周期的存在，每隔 2 160 年，我们就会观察到太阳从不同的黄道宫升起。当前的时代太阳是从人马座升起。我们已经讲过，人马座包括恒星人马座A星和银河系中心的超级黑洞。在《2012 年玛雅宇宙的生成》一书中，詹金斯提出，长历法周期的终点跟一次非常罕见的星象事件有关：2012 年冬至日太阳跟银河系赤道以及银河系中心排成一条直线。这种排列方式已经有接近 2.6 万年没出现过了，因此这一事件不仅极其罕见，而且可以用来作为一个岁差周期的终结和另一个天文大年的开端。根据他自己对银河系中心轴的解释，詹金斯认为，1980 年之后经过 36 年到 2016 年，太阳会跟银河系中心轴以及银河系中心排成一条直线。在他看来，玛雅长历法在 2012 年冬至日终结靠近这个时期的结束似乎很大程度上是巧合。他的结论是：长历法和这种天体的排列重合是有意为之。

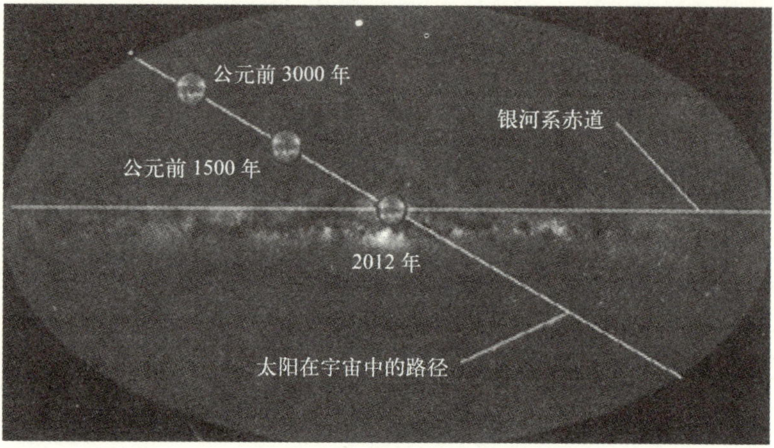

图 13.2　2012 年 12 月 21 日，太阳“诞生”于银河系中心的黑色大蛇之口

银河系最中心的平面经过一个天文学家称为“暗缝”、玛雅人称为“黑暗之路”的区域。银河系中心的这一层面是由大量的尘埃和气体组成的，挡住了来自后面的星光，让人感觉就像一条黑色的大蛇蜷伏在银河系中心一样。在银河系中心靠近人马座A星的地方，这个暗缝有所扩展，给人一种大蛇张口要吞没银河系中心和自己尾巴的幻觉。这种关于宇宙的颇有诗意的描述给许多神秘的社团提供了衔尾蛇象征方面的灵感。2012 年 12 月 21 日上午，太阳几乎就是从黑色大蛇的口中升起，几乎就像从某种庞大的宇宙子宫中重新诞生一样。詹金斯认为，对玛雅人来说，太阳的这种象征性的重生意义深远，所以他们以此作为长历法终结的标志，由此可以看出他们明白这是周期性事件，大约每隔 2.6 万年重复一次。

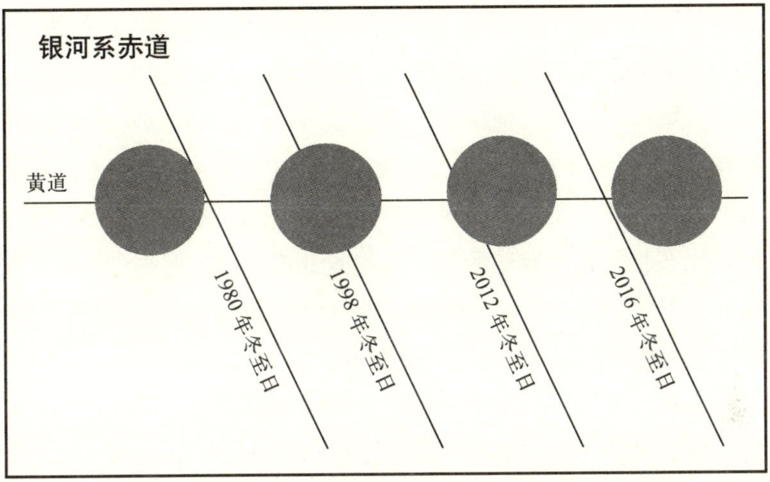

图 13.3　1980~2016 年间太阳和银河系赤道的排列情况（最佳排列位置出现在 1998 年。绘图：克里斯 · 利利）

搞清楚了这种排列方式对于超维物理理论的重要性后，霍格兰准备了一个与 2004 年金星凌日期间他在佛罗里达州珊瑚城堡使用的完全相同的实验台。从星相学角度来说，每年 12 月 18 日至次年 1 月 18 日期间太阳都位于人马座位置。从理论上讲，2012 年前（甚至至少要到 2016 年），每年 12 月到 1 月这个阶段都会有一个月的机会，因为在此期间太阳和银河系中心的排列位置应该能产生可以测量的扭力。正如我们此前了解到的，在超维物理学中，起关键作用的不是质量或重力，而是自旋能量即角动量。银河系中心的黑洞包含大量的动能。它的宽度估计有 2 700 万英里（比距离地球最近的金星还要庞大），质量也要比我们的太阳重 430 万倍，而太阳的质量则是地球质量的 33.4 万倍。由于引力跟质量相关，黑洞产生的引力也就超乎想象了。但是我们也知道，引力会随着距离的增加而减少。因为我们距离银河系的中心有 2.6

万光年远，所以它对地球上的我们没有影响。然而，研究发现，这个超级庞大的黑洞也在迅速地旋转，每 11 分钟旋转一周。相比之下，地球是每 24 小时自转一周，太阳每月自转一周，而且太阳的体积还不到黑洞的 1/27，质量不到黑洞的 1/400 万。因此在这么庞大的体积、质量和巨大的旋转速度之下，银河系中心的黑洞会产生多少扭力旋转能量呢？这些能量不仅足以把整个银河系汇集在一起并为其提供生命能量，而且足以影响地球上的我们，就像印度教的毗湿奴神话中提到的那样。

考虑到关于 2012 年的各种不同的灾难场景描述，比如太阳耀斑、磁极转换、地壳位移等，理查德明白他的实验非常重要。不过，所有那些描述都缺少一项关键要素：因果关系。主流物理学中没有任何理论能够根据 2012 年太阳与银河系中心的排列推导出以上这些后果。但是，如果有一种来自银河系中心的未知的能量脉冲，而且这种能量脉冲可以判断就是扭力，那么所有末日预言者或许就可以对自己的“末日将至”宣言提供一些证据。因此在 2006 年 12 月，他就准备好仪器开始记录读数。

第一组数据是 2006 年 12 月 21 日冬至日记录的，希望能发现任何异常读数。那天的大部分时间音叉表现相当正常，平均频率是 360 赫兹（每秒来回的周期）。后来晚些时候，数据突然出现了一个完全无法解释的峰值。有超过 11 秒的时间（远远超出了误差范围）读数突然从每秒 360 赫兹跃升到每秒 3 360 次，音叉的震动增加了 900%。不出所料，跟金星凌日期间的实验和阿莱用锥形摆做实验得出的细微数据差异相比，用影响音叉的任何力都无法解释的这种能量激增可谓有天壤之别。虽然这一发现令人激动，但也不过是一次学术活动而已，因为毫无疑问扭力的影响并没有引发任何太阳耀斑或地震。

然后，他产生了一个灵感。作为一项对照实验，他在下一个月里继续记录读数。有那么几天，他从音叉震动探测器那里记录到了类似的震动峰值。1 月 1 日元旦那天，有 17 秒的 219 赫兹的峰值。跟冬至日的读数相比这个数字要小得多，但是跟正常的震动周期相比仍然有 60%的增加，而且持续时间较长。后来在 1 月 10 日，音叉的震动速度又有一次 40%的攀升，持续时间超过 4 分钟。最后在 1 月 19 日，数据中出现了一个 42 秒的峰值，从 360 赫兹上升到超过 7 500 赫兹，音叉的震动频率增加了 2 100%！

显然，就影响的微弱程度和误差范围来说，这些实验结果已经超过标准。不仅如此，它们还表明在 12 月 21 日冬至日之后到 1 月期间，影响变得明显强烈了。这样一来，对 2012 年星体排列造成世界末日说法提出批评意见的人们会说，跟银河系赤道的最佳排列是冬至日，而且是每年发生，不是在 1 月，因此这种影响不应该跟银河系中心的能量爆发相关。它们还会争辩说如果影响是真实的，那么为什么会只是在某些日子持续几分钟或几秒呢？实际上，这两个问题都很容易解决。

如果回头再去看看金星凌日图（见图 13.1），你就会记起来：对音叉影响最大的时间是在金星凌日结束离开太阳上方之后。此外，金星离开太阳上方之后有几个小时的时间，其影响仍然能够导致音叉震动甚至频率增加。这意味着跟银河系中心排成直线后，会产生规模更大的（几个月而不是几个小时）类似效果，而且这种效果跟能量爆发的几何形状相关。在他的扭力实验中，德波尔马发现：扭力影响具有明确的方向性，就像能源束一样，而不是像波浪那样。通过类锥形摆，阿莱也得出了同样的结论。因此霍格兰的理论总结是：源自银河系中心的扭力束也和灯塔的光束一样具有方向性。只有直接位于其发散路径时，我们的仪器才会受到影响。脉冲星和类星体这类快速旋转的坍缩星也以同样的模式发射无线电波和X射线，不过是非常紧凑的能量束，也会扭曲和旋转，就像扭力理论也对它们有决定作用一样。利用实验得出的数据，根据太阳在那期间与银河系中心的相对位置情况，霍格兰就能够描绘出这种能量爆发的轴线图。

这些数据还展现出一个时间模式。大约每隔9天，银河系的核心，或者更可能是中心的黑洞，就会发出一波扭力能量脉冲，而且随着太阳和地球与能量束的位置更靠近，能量脉冲会一次比一次强烈。这也就意味着2013年1月——未必就是2012年12月21日——才是我们最该警惕、最该为对地球产生的物理效应担心的时间。而且鉴于2016年实际上相当于金星凌日的第四次接触，或许我们更应该关注2016年，此后才是2012年。

同样，这种情况就其本身来说自有其道理。不过批评者仍然认为，如果1998年太阳与银河系赤道的排列位置最佳，那么那个时间才应该是物理影响最强烈的时间。他们的观点可能很有道理。毕竟1998年12月21日就这样过去了，根本没有任何异常情况出现，对吧?

嗯，还真是未必如此。除了地球漫长缓慢的岁差转动（需要2.6万年才能完成）之外，还有另外一种更细微的摆动称为“钱德勒摆动”。按照正式的解释，这种细微的摆动是由于海洋深处压力的变化以及大气压力的变化造成的。钱德勒摆动往往有所变化，1910年时达到峰值，2006年又彻底停顿了几个月的时间。然而1998年12月，就在太阳和太阳系即将进入跟银河系赤道最完美的排列位置的时候，地球突然出现在太阳的旋转轴位置。曾经为政府效力的地质学者威廉·赫顿（William Hutton）是这样描述的：

通过分析 1996 年 1 月到 2000 年 12 月之间钱德勒摆动的情况，我们发现 1998 年 12 月期间，原本相对平稳的正常摆动路径似乎突然发生了偏移，此后用了大约 20 个月的时间才恢复到正常的摆动路径。

因此，毫无疑问当时出现的情况是：就在太阳系跟银河系赤道和银河系的中心达到最佳排列位置的时候，人马座A星超级庞大、自转速度超快、具备超级能量的黑洞发出了一束扭力能量，结果地球为之颤抖。

有趣的是，正如我曾经指出的，这一事件并没有引发任何重大的地震事件甚至轻微的火山活动。但在此后的这些年里，钱德勒摆动都曾经像 1998 年那样在 12 月和 1 月的时候突然偏移，而且在这些阶段地球上也发生了几次强震，包括造成 2004 年印尼海啸的那次地震。当然了，据报道，由于印度洋地震的影响，现在地球的旋转轴已经略有偏移。[1] 2010 年智利地震（2010 年海地的地震可能也非常相似）期间，也出现了同样的情况。我的观点是，先有鸡再有蛋。正是来自银河系中心的扭力能量让地球的自转轴偏移，地震是偏移的结果，而不是原因。

如果是这样的话，那么我们就确实有理由对“2012 时代”（2010~2023 年）银河系中心发出的这股脉冲能量对我们造成的影响感到担忧了。

不过，尽管这些地震对当地居民具有破坏性，但整个世界仍然安然无恙。多数人员死亡和建筑毁损都是因为受地震影响最严重的国家准备不足，震区的建筑质量低劣。批评者会说，即使某种形式的扭力波确实是地球自转轴偏移背后的影响因素，那也不会导致太阳耀斑以及地壳位移等这类大规模的灾难。他们或许是正确的。

除了一件事之外：在多维关联的系统中，所有星体都对物理世界产生影响，而且在某种几何（星象）条件下，他们的自旋能量可以增强能量脉冲的力量。现在虽然我们已经很清楚 2012 年以及之后的星体排列情况，但我们还不能确保已经掌握了所有信息。比如说，如果我们还没有发现太阳系所有的行星，那会有什么后果？如果还有一颗或两颗行星的情况我们一直缺乏了解呢？对于地球上这种 2.6 万年才出现一次的“问题”，它们又会起到什么作用呢？

从我称为“复仇之星效应”的理论中可以找到这些问题的答案。

第 14 章
复仇之星效应

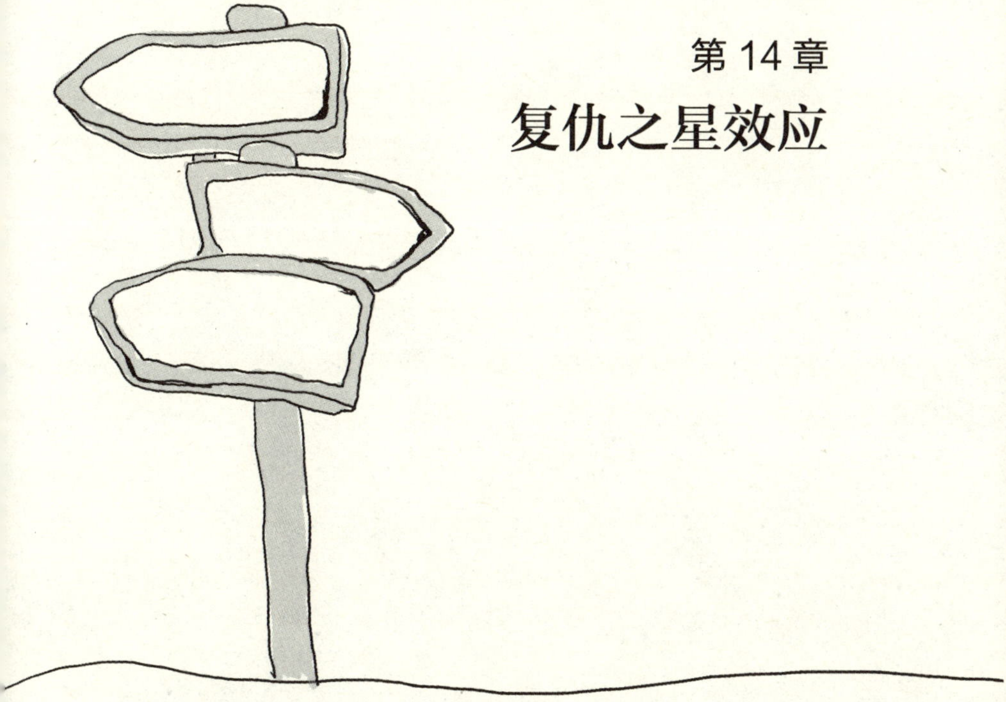

The Choice

Using Conscious Thought and Physics
of the Mind to Reshape the World

正如我们谈到的，有人已经证明，天体的排列情况以及日食现象，比如2012年太阳跟银河系中心的排列情况，对物理仪器以及我们的意识本身会产生影响。但对你来说，或许你充其量会感觉这一结论跟人类的现状和在今后几年可能面对的转折没有多大的相关性。此外，就测量到的扭力影响来说，这一力量的强度是否能够引起像电影《2012》和《末世浩劫》（*End of Days*）描述的那种自然灾害也还值得进一步探讨。当然了，好莱坞一直在利用世界末日场景大发其财，但是从物理学的角度来说，尤其是从我们确立的超维物理学的角度来说，有没有理由认为末日预言者和灾难片或许是正确的呢？简短的回答是肯定的。

但是，我们也可以有所作为。

如果你已经阅读过有关玛雅历法或2012年世界末日方面的书籍，那么你也就会发现：互联网上有多少网站，就有多少种关于末日场景的描述。关于长历法周期的终结时刻可谓众说纷纭，磁极转换、地壳位移、毁灭性的太阳耀斑，甚至还有人提到了外星人入侵。真实情况是，在为撰写《暗黑任务》一书进行的研究过程中，我和理查德 · 霍格兰确实设想了一个场景，在这个特定阶段，上述全部或部分场景都会有所展示，而这一切似乎都围绕着来自银河系中心的一股能量脉冲。

当然了，我们在第七章中讨论的印度教周期似乎跟太阳系围绕银河系中心旋转有点儿关联，但是迄今为止我一直没提到的是，玛雅人也谈到了来自银河系中心的某种事物。历法研究者约翰·梅杰·詹金斯和符号学者威廉·亨利（William Henry）都研究过玛雅历法和各种相关的铭文。他们都独立地得出了相同的结论：Bolon Yookte实体（也称为“九风”）实际上指的是玛雅神话中的库库尔坎神，也就是德累斯顿抄本中提到的在长历法周期终结时刻释放出七金刚鹦鹉的羽蛇神。他们也都引用了一段话，声称库库尔坎神将顺着银河系中心发出的“蛇绳”来到世间。两个人都表示，他们认为“蛇绳”的提法跟所谓的虫洞这一理论现象有关，虫洞的字面意思是说宇宙中存在着通过某种时空隧道连接遥远距离的孔洞，类似于宇宙中的某种捷径。这种观点并非全无道理，但跟格雷格·布拉登（Greg Braden）这样的研究人员类似，詹金斯也是在利用传统的物理学模型诠释玛雅抄本，而这样做根本不奏效。真实情况是，除了某些大致的猜测认为存在虫洞，此外根本没有任何其他证据。

不过有一点是我们普遍认同的。如果玛雅人和古印度人不是傻子（显然他们不是），那么“蛇绳”这种说法背后是什么物理过程？如果库库尔坎神降临又会出现什么情况？

关于银河系中心的蛇的提法之所以很有趣存在诸多原因。正如我们先前了解到的，多数古代文化和隐修会都尊重一种称为衔尾蛇的象征符号——一条蛇盘在一起，尾巴衔在口中。人们普遍认为这个意象象征着时间的周期性，而源头则是因为从地球上看，银河系的形状正像一条盘蛇。希腊哲学家柏拉图等人称这一发展过程为“Suntelia Aion”（意思是“太阳从蛇的口中升起来”），并且预言说，跟“Suntelia Aion”相关的某个不确定的周期结束时，人类的当前时代也将灾难性地终结。

图 14.1
（图片承美国航空航天局惠允使用）

因此，蛇这一形象的意义，尤其是跟银河系中心相关时的意义，也就很容易搞清楚了。在阅读本书之前，对你来说意义相对不那么明确的，是“蛇绳”这个说法中“绳”这一部分可能指代的东西。显而易见，库库尔坎神依托而来的“蛇绳”指的是一种扭力束，跟霍格兰 2006 年在阿尔伯克基做实验时记录的能量非常类似。因此按照玛雅人的看法，2012 年库库尔坎神将从银河系中心的黑洞借助扭力脉冲出发，来到我们的三维世界上化身为Bolon Yookte，然后评判世人。我想到了那个时候，根据降临世间之后的所见所闻，他可能让七金刚鹦鹉复活，并发动大蛇从天空中降下暴雨冲走世间万物，也可能不这么做。

但是，除了长历法终结之外，为什么要出现这种情况呢？从物理学的角度看，2012 年为何不同于其他年份，尤其是跟 1998 年都不同呢？那一年的星体排列方式比现在还要接近完美。

答案就是俗称的X行星。

自1884年发现海王星后一个多世纪以来，天文学家一直在思考冥王星之外存在某种行星的可能性。由于海王星和天王星的轨道有一些异常，有人认为，或许在太阳系的幽冥地区存在一颗木星大小的行星。近来的研究试图推翻这种观点，希望通过自然界的异常现象来解释行星轨道和某些彗星运动方式的怪异情况，而不是说还有一颗行星没被发现。近年来，“X行星”这个说法已经被用于描述各种不同的天体，比如太阳的死寂孪星，以及跟撒迦利亚·西琴谈到的尼比鲁星有关联的一颗庞大的褐色矮星。

关于太阳系的一颗遥远的天体的另一种理论称为复仇之星理论。在第8章中，我们探讨的一些科研文章表明，地球上每隔2 600万年就会出现一次大规模的物种灭绝，这些文章发表后，天体物理学家就开始思考是什么原因导致出现这样一种周期。最后他们得出的想法是：我们的太阳系其实是双星系统，并不是单星系统。(哎呀，这不正是古印度人和研究岁差的理论家一直以来的观点吗？）他们推测，太阳还要围绕着一颗死寂的伴星或褐色矮星旋转，这颗星位于遥远的所谓的“柯伊伯带”——冥王星轨道之外的一处区域，有人认为那里有数十万计的小行星、彗星和星云碎片，而太阳原本就是由星云碎片凝聚而成的。按照这种想法，这颗死寂的伴星围绕太阳旋转的过程中，会影响到“柯伊伯带”脏乱区域的一些天体，定期地导致它们走向跟太阳系内部(以及地球）冲撞的路线——每2 600万年一次。他们把这颗黑暗的恒星命名为“复仇之星”。

直到20世纪80年代的时候，无论是X行星还是复仇之星理论都没有多少得到检验或证实的希望。然而，在20世纪70年代初，先驱者10号和先驱者11号两艘无人飞船先后发射到外太阳

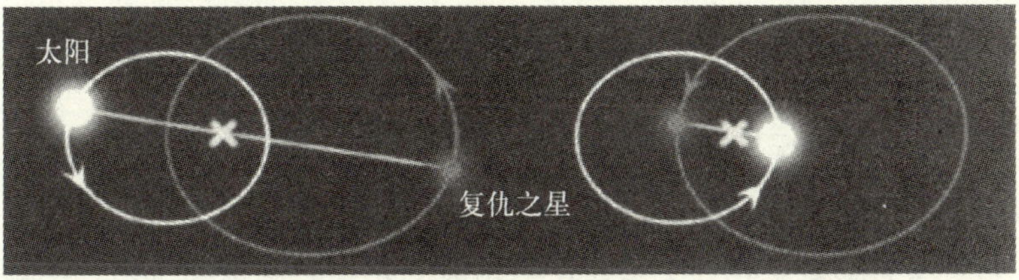

图14.2 太阳和复仇之星的轨道关系示意图（两颗恒星都围绕着共同的中心点旋转。图片承美国航空航天局惠允使用）

系执行探测任务。因为它们在途中都没进行过任何校正，所以可以作为研究远地距离时引力影响的独特试验台。这也使得它们非常适合为研究冥王星轨道以外的行星收集数据。

40 多年之后，我们从两艘飞船的数据都可以看出，离开太阳系之后，二者在加速过程中都遇到了无法解释的明显阻力。为了解释“先驱者效应”，人们也提出了各种各样的见解，有的说数据传输和采集过程中存在误差，有的说飞船有情况不明的热量排放，还有人说数据处理过程中有错误。然而，在 40 年之后，有 7 项不同的研究都已经证明，两艘先驱者号飞船离开太阳系的速度都远远低于预期速度，这意味着有某种因素对它们施加了类似引力的阻碍作用。面对这种罕见情况，天体物理学家们面临着两种可能性：要么是物理学定律在太阳系内外截然不同（很有可能），也有可能是宇宙深处存在的某种未知天体的引力影响了飞船的速度。因为第一种思路（即冥王星轨道之外光速可能有所不同）很让科学家们感到纠结，因此他们大多认为，要么数据完全是错误的，要么有某种天体对两艘先驱者号飞船发挥了引力作用。因为没有一个更妥当的名字，他们通常称之为X行星。但是，如果真正存在一颗X行星，那么它也会比较明显地影响海王星和天王星的轨道，可这种情况显然不存在。因此目前最好的解释是某种跟“真空能量”(即零点能)发生的相互作用导致了飞船放慢速度。当然，由于他们的范式不允许，他们没有考虑到有可能是两种思路的一种变化才是情况异常的原因。

在《暗黑任务》一书的第二章，我和理查德·霍格兰曾经提出，在太阳系之外，至少存在一颗或两颗未被发现的行星。影响两艘飞船摆脱太阳系时的速度的，就是那里发出的扭力波。另外，也有可能在冥王星轨道之外，物理定律确实有所不同。毕竟，正如我们在前面的章节中提到的，如果已知的那些行星在轨道中旋转时的排列构型可以影响太阳系内的物理定律，那么按理说，在它们的直接影响范围之外，物理定律或许会大有不同。因此也会对物理学的已知“常量”产生影响，比如光速。如果冥王星轨道之外的光速略快于我们已知的常数，那么两艘先驱者号飞船发出的无线电信号到达地球的时间也将快于预期。这会让我们误以为它们与地球的距离比真实距离要近，因为科学家们利用无线电信号的传输（一般认为是以光速传输）时间来确定飞船与地球的距离。

不管怎样，我们非常明确地提出，按照我们的模型，宇宙中肯定存在着一颗巨大的X行星，或者在逆行轨道存在两个体积小些的天体。我们的理论是以范·弗兰登根据恒星裂变理论作出的推测为基础的。与跟重力、磁力有关的传统物理学不同，我们的理论跟旋转能量有密切的关系。理查德最早认识到，系统的总自旋能量与其总亮度（电磁波谱所有范围的亮度）之间有关联。如果你把木星和它的9个卫星看做一个系统，把它们的全部旋转能量累计起来，就会得到整个木星系统的一个定值。他发现，行星及其卫星的系统旋转能量总数越大，亮度越高。这完全符合超维物理学中能量实际上源自旋转的观点。

把所有的行星以及它们的卫星在一张图上绘制出来后，理查德发现数据的曲线是可以预测的，而且符合他的观点，但也有一个明显的例外情况——太阳。

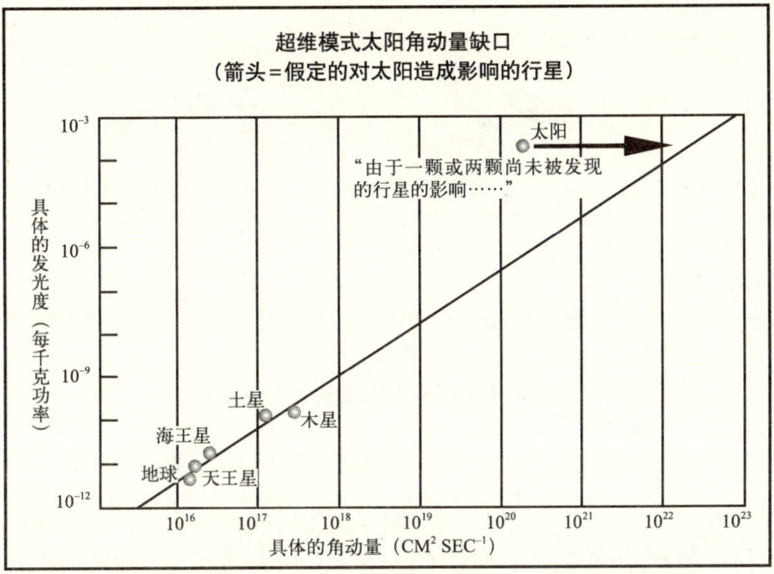

图 14.3　发光度与自旋能量（海王星轨道之外的一颗或两颗尚未发现的行星会导致太阳向右侧移动，位于和其他主要行星组成的曲线上。绘图：克里斯 · 利利）

就行星来说，这一规律可谓无一例外。但是如果我们把所有行星和卫星的自旋能量累加起来标在图中，那么太阳就应该处于其他行星的位置，可事实却并非如此。由于某种原因，太阳莫名其妙地位于曲线之外。如果这一理论是正确的，考虑到太阳的旋转能量，它实际上应该要亮得多（而且能量更多），所以要么是我们错了，要么是……存在一些我们还没有发现的行星。

在本书的前面部分，我曾经抱怨过其他学科的科学家们削足适履的做法，现在你当然也可以责备我，说我不过是他们的翻版。

但请不要忘记：这里的区别在于，我们的理论适合其他几颗行星，而且我们提出的非常具体的建议可以很轻松地证明我们正确与否。另外，我们还有别的理由。

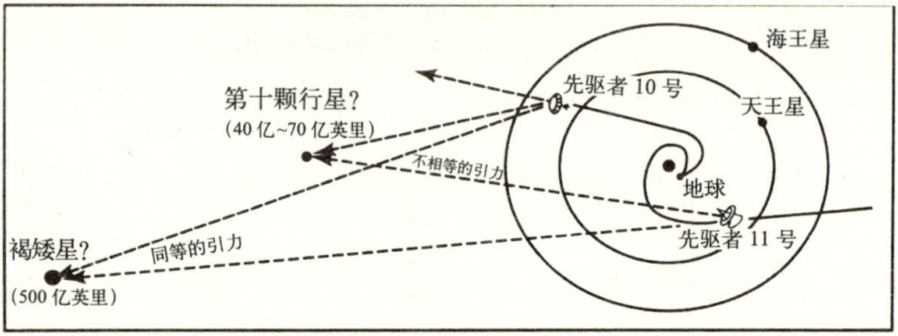

图 14.4
（图片承美国国家航空航天局惠允使用）

有证据表明，发射先驱者飞船时，美国航空航天局已经相当肯定：在太阳系的幽冥地区有两颗未被发现的行星。在 1982 年发表在《科学文摘》（*Science Digest*）上的一篇文章中，备受尊重的天文学家、偶尔也研究飞碟的J · 艾伦 · 海尼克博士（Dr. J. Allen Hynek）谈到了寻找X行星问题以及如何把先驱者号飞船派上用场。在文章中，他附了一份图表，描述了那两颗行星相对于先驱者号飞船路径以及已知的太阳系的位置。图中显示，第一颗行星位于 40 亿~70 亿英里之外，被命名为“第十颗行星”。第二颗行星上标注的是“褐矮星？”，位于 500 亿英里之外。

这是一个令人震惊的距离。海王星是太阳系中距离太阳最远的行星，相距约 27 亿英里，或约 30.1 天文单位（天文单位即地球与太阳之间的距离——9 300 万英里）。把 500 亿英里外（550 个天文单位）的这颗假设的褐矮星或死寂恒星看做太阳系的组成部分确实有些夸张。事实上，对撒迦利亚 · 西琴理论的一点主要的异议就是，该理论提出的旋转周期为 3 600 年的椭圆轨道是不稳定的。但 500 亿英里的轨道（还是 550 个天文单位！）就大致需要 1.3 万年的轨道周期，如果轨道接近圆形的话。一如既往，这样的距离还是被认为过于遥远，不可能受到太阳引力的影响，也难以保证存在稳定的旋转轨道。

不过，正如我在本书中反复重申的，在浩大的多维宇宙中，引力只是一股弱小的力量，没有理由认为凝聚万物的同样的隐形力量（扭力）不能把这一天体跟我们的太阳和太阳系联系在一起。此外，现在已经证明这样的轨道从理论上讲是可能的。2009 年，多伦多大学的天文学家拍摄了一颗非常年轻（500 万年）的恒星的红外线（热能）图像。在相距 330 天文单位的地方，他们还发现了一颗温度非常高、密度非常大的行星在围绕着这颗母恒星旋转。显然，他们在不经意间拍摄到了一颗“热木星”的第一张照片。这颗热木星刚刚从年轻的母恒星上弹出不久，很可能仍然没有停止以螺旋状的旋转来脱离母星的状态。但是，考虑到这一距离是先前计算出的“褐矮星”500 亿英里轨道的大约 60%，我们有理由相信：在这么遥远的距离之外，仍然有可能存在某种天体围绕太阳旋转，仍然属于我们太阳系的一部分。

我们不知道的是（除非他们决定告诉我们），美国航空航天局或其他任何空间机构是否已经发现了 X 行星或作为太阳伙伴的那颗褐矮星。但我可以告诉你的是：他们都在寻找这颗星星。

在 1982 年发表在《科学文摘》的文章中，海尼克博士提到，如果存在某个天体，那么（当时）即将问世的红外天文卫星可以用来探寻其踪迹。事实上，他明确表示，他们正打算这样做。红外天文卫星发射几个月后，媒体就开始刊载关于一颗“跟木星一样大”的不同寻常的天体，不过这颗天体表面非常寒冷，根本不发光，因此在可见光谱中看不到。据美国航空航天局喷气推进实验室的格里·诺伊格鲍尔（Gerry Neugebauer）博士讲，这颗天体是在猎户星座发现的，距离为“500亿英里”。我曾写信给诺伊格鲍尔博士，问他在引发媒体轰动之后是否有任何后续研究，结果他却否认知道任何有关的后续研究，甚至说不记得这回事。就个人而言，如果有人在《华盛顿邮报》头版引用我的话，我想我会记住这件事的，而且会记一段时间，可他……

如今的维基百科声称，后来发现，这颗天体只不过是距离遥远的一个寒冷的星系，被误认为是近处的天体了，但我曾经查阅过相关文献，对此仍然心存疑虑。而诺伊格鲍尔博士让人难以置信的否认也让我相信，他和别人绝对不是单纯地把某个遥远的星系误认为是褐矮星了。

问题在于这颗天体，且不管它到底是何方神圣，正好符合教材中对褐矮星的描述，更不要说它肯定还符合《吠陀经》中对太阳围绕着旋转的那颗黑色星星的描述了。因此，如果美国航空航天局在最初对这件事大做文章之后又遮遮掩掩，那么他们为什么要这么做？除了验证了我们认为旋转能量和亮度之间存在联系的理论之外，有了这样重大的发现却秘而不宣又是出于怎样的考虑？

真实情况是，除非关于宇宙的超维模式是正确的，否则不可能存在这样的一颗天体。

如果复仇之星和（或）X行星确实存在（我认为它们很可能存在），那么它们无疑就是太阳系的组成部分。这肯定也就意味着它们也和其他行星一样具有旋转能量，如果它们也是像木星、土星、海王星和天王星这样庞大的气体行星，那么因为它们是在太阳生命周期的更早阶段从其内部发展出来，所以它们的旋转能量肯定要远远超过木星的旋转能量。因此，如果超维模型成立，那就意味着这两颗天体——单纯为了好玩，我们称它们为“复仇之星”和“尼比鲁”星——会对我们行星上的物理学产生重大影响。它们的影响甚至可能超过我们更熟悉的那些行星。

如果复仇之星存在于 500 亿英里之外的周期为 1.3 万年的轨道中，那么这也就意味着我们在估量 2012~2023 年的世界末日场景时必须把它的影响考虑在内。正如我们在第 8 章中了解到的，如果行星在轨道中与太阳或地球的排列出现某种几何形状，那么就会对地球产生某种影响。这些排列方式跟星相学中的组合方式相同，比如刑、拱、半合、冲等。在 2010~2016 年这一阶段来临的过程中，我们也要留意地球、太阳以及银河系中心的排列方式。因此，无论复仇之星和（或）“尼比鲁”星位置如何，考虑这种排列方式的可能影响时，我们必须把它们考虑在内。我感觉很有意思的是，复仇之星的 500 亿英里距离大致有一个 1.3 万年的轨道周期，因为这个时间大致是岁差周期的一半时间。许多学者和研究人员，比如作家格雷厄姆 · 汉考克，认为《圣经》中提到的大洪水发生在 1.25 万年前，或者说大致也是 2.6 万年的岁差周期一半的时间之前。他们还认为，埃及人通过修建金字塔和狮身人面像来纪念这个时间，这些东西是用来纪念埃及人称为“乍帕泰比”的先进文明的那次大洪水。汉考克指出，这就是为什么埃及人通过吉萨大金字塔来追踪岁差轨迹的原因，这样他们就可以知道到什么时候我们会距离上次破坏性的洪水有半个岁差周期的时间。

问题是：原因何在？如果洪水只是彗星撞击或某种自然灾害引发的一次随机事件，那么追踪天体的运动就没有任何意义了。但是如果他们明白这些灾难是周期性的，因为他们知道时间就是周期性的，那么他们的做法就很有道理了，因为他们可以明确下次灾害会在何时出现，从而可以尽可能地作好准备。

这里我们要提出进一步的设想。我要断言，埃及人、古印度人、霍皮族人以及所有其他似乎痴迷追踪岁差的古代文明，都明白这些灾难是周期性的，它们可能是受到了黑暗的复仇之星与星系中心排列方式的影响。这种理论非常符合我们所理解的扭力和超维物理学理论。

如果复仇之星确实存在，如果它处于1.3万年的轨道中，如果在2010~2023年这一阶段它确实会与地球、太阳以及银河系的中心排成直线，那么它将会对所有的扭力能量，以及银河系中心的黑洞发射出的蛇绳都产生巨大的放大作用。如果上次此类排列方式出现于公元前10500年，也就是1.25万年前，那么我们现在肯定处于另一个巨大变化和动荡的时期之内。在2012年的方程式中增加扭力不仅会对我们的行星产生潜在的强劲影响，而且能够也应该对我们的意识产生同样强大的影响。

因此，这可能就是为什么这段时间——后2000年时代——对古印度人、玛雅人、埃及人和霍皮人如此重要的原因。他们是在警告我们作好准备。现在的问题是：为了什么作好准备？

嗯，这很大程度是取决于复仇之星在轨道中的确切位置。还记得吧，美国无线电公司的约翰 · 尼尔森发现了传统的星相学与太阳磁场输出之间的关系。如果复仇之星位于太阳和银河系中心的中间，那么这实质上就是一种“合点”位置关系。按照星相学的说法，星象图上的“合点”位置关系会放大其他位置关系（行星的排列方式）。这也就意味着根据其他行星的位置不同，产生的影响，不论好坏，都只会因为复仇之星跟银河系中心的排列位置而得到加强。但是，如果复仇之星位于天球的另一端，比如说在跟射手座呈180度角的猎户星座位置，那么这将是星相学上所谓的“冲”，这种位置关系很让人担忧，但却未必就是消极的。“冲”

会夸大其他行星排列带来的差异，而“合点”则会将其统一起来。根据我们刚刚探讨的内容，现在看来复仇之星最可能的存在位置应该是根据 1982 年的红外天文卫星探测结果作出的推断，也就是说处于猎户座的位置，实际上也就是处于“冲”的位置。如果这一情况属实，那么在始于 2012 年的这一时代即将发生的一切，在很大程度上就取决于其他行星跟太阳和地球的相对位置。

2012 年的地球星象图

毫无疑问，许多占星家都已经查看过 2012 年的地球星象图。然而坦率地说，就我阅读的文献来说，关于图的意义根本没有一致意见，而且没有任何一幅星象图考虑到了复仇之星或X行星存在的可能性，这些文献的作者也不明白我们在本书中探讨的那种基本的物理学知识。但是，确实似乎有两种星象图认为 2012 年 12 月 21 日将是一个关键时刻，或者至少是人类的一次重要转折时期的开始。第一个重要的相互位置称为“指相位”，占星家们也称之为“上帝的手指”。

在星象图上，指相位是一种箭头式的排列方式，表示两颗行星跟另一颗行星位置相对。2012 年 12 月 21 日的指相位涉及的三颗行星是冥王星、土星和木星。在占星学中，冥王星代表根本性的转变、死亡和再生，土星代表着人间以及各种物质和符合社会结构的东西。在 2012 年的指相位中，它们处于跟木星相对的位置，而木星控制的是增长的原则、思想的扩展以及生命。

另一个有趣的排列方式称为“丁字尺”，涉及金星、木星和海王星。跟海王星和金星的关系一样，木星和海王星成 90 度角。海王星代表着精神、神秘主义、心理现象、提升和洪水，这一排列方式使得它成了丁字尺排列的关键之处。金星代表的是性、浪漫、性感、舒适和物质，它的位置直接跟木星相对。

要解读这一切背后的意义并不太难。星象图表明，2012 年 12 月 21 日，我们的意识将处于冲突状态。我们将面临关于哲学和宗教信仰、社会制度以及价值结构的许多选择。很有可能，我们的金融制度和政府形式将受到审查。肉体和精神欲望的脱节与冲突将益发严重。

我们将面临关于未来的大抉择。一条路将通向冥王星代表的死亡和重生。另一条路将通向木星的影响力，这意味着我们将能够扩展我们的生活和思想方式，从而可以接受新思想，甚至可能是全新的共处方式，这种共处方式将是以道德和精神价值观为基础，而不是以贪婪和物欲为基础。但是我们每个人，甚至包括地球本身，都将面对这种紧张局势，面对来自反面的压力。如果复仇之星的确存在，不管它是位于猎户星座还是人马座，都会扩大这幅星象图上的紧张程度，从而迫使我们作出抉择。

我不想让你为这一转变的物理性质感到过于恐慌，但是我们必须考虑一下这个问题了。如果《圣经》中提到的大洪水确实与复仇之星上次跟银河系核心的排列有关，那么这种情况的再次出现肯定会促成地壳位移或磁极转换。同样重要的是，我们必须明白，在物理学中，太阳不像 2012 年那样跟银河系中心处于相合的位置，这一点并不重要。如果我们计算的复仇之星的轨道参数是正确的，那么在公元前 10500 年，复仇之星和太阳就应该在猎户座的某个区域处于相合的位置关系，而银河系的中心处于 180 度之外，跟这种统一的力量相冲。因此不管是从占星学视角看还是从超维物理学的视角看，如果地球确实出现某种程度的磁极转换，那么 2012 年将是截然不同的一种情况。这一次，我们似乎有选择的机会。

还记得吧，霍皮人曾经告诉我们，在上一个世界，在人类技术极其先进的第三个世界，人们已经彻底放弃了精神追求，被肉欲和物欲彻底吞没了。而现在这个世界则截然不同，许多世人仍然拥有信仰，追求高尚的东西。此外还应该指出的是，在 2012 年的星象图中起到重要作用的海王星控制着洪水。但也请记住，人们也经常把水跟倾倒入我们意识的知识联系在一起。因此就像德累斯顿抄本中最后一页上的巨蛇从空中向地球倾注大水一样，海王星的洪水或许指的是象征性的知识和启蒙之水，而不是引起地球磁极转换的真实的洪水。

我想所有这一切的意义（有许多人认同我的观点）在于：在今后几年间，我们将会在面临的现实情况之下被迫作出抉择：要么留在物欲控制的低层次，要么寻找新的路径，寻找服务他人、获取精神启蒙的更好的道路。如果我们大多数人都决定留在自己创建的这个智力和物质世界中，那么所有的预言、所有的星体排列都表明我们注定要进入一个压力重重、困难不断，甚至可能多灾多难的阶段。但是，如果我们选择光明之路，那么我们就可以创造一个全新的世界，在这个世界中，现实本身可能向好的方向发展。但是正如我在后面的章节即将告诉你的，这完全取决于我们自己。我们并不是这个过程中无助的受害者,而是在积极参与其中。此时此刻，我们聚在一起，就是要作出决定。正如《秘密》一书鼓舞我们去做的，不是为自己，而是为我们的世界作出抉择。

现在的问题是：你会选择哪条道路?

第 15 章
末日场景

The Choice

Using Conscious Thought and Physics of the Mind to Reshape the World

关于2012和玛雅历法的讨论，甚至关于千禧年之后的美国的讨论，如果不涉及各种各样的末日场景，那么可以说就算不上全面。这些末日场景充斥互联网，已经在各色电视特别节目中被尽情地加以挖掘探讨。在本书中，我很不愿意谈论这一问题。这主要是因为我根本不相信这些有关世界末日的描述，其中原因我希望能够给你讲清楚。当然，有证据表明，这些事件都在我们所处的行星的历史上的某一刻发生过，而且有理由相信这些事件是周期性的。但尽管如此，我所知道的以及我希望能告诉你的是，虽然地球上很可能出现所有这些痛苦的变化，但它们并非不可避免的，甚至可能性也未必很大。会出现什么情况完全取决于我们自己。

转变与启示

“apocalypse”这个词源自希腊语文的“Apokálypsis”，意思是“启示”或“揭开面纱”。我们也可以把它看做是新的开端，而不是旧事物的终结。据我们所知，世界末日未必就跟世界周期的终结时刻有关联。然而在许多方面，启示正是我们所处的时代的完美主题。在我们从神秘的双鱼座时代进入开明的水瓶座时代的时候，按说我们应该会逐步搞清楚被各种机构和宗教隐藏起来的一切。显然，如果这样的启示是因为意识的物理情况造成的，那么我们的愤怒和揭露所有谎言所带来的反弹无疑可以对社会变革带来深刻的影响。

尽管如此，仍然有很多人（其中还有一些我非常尊敬的人）认为，启示将具有物理性质，也就是说在世界末日的时候，会出现对人类的一次大清理、大审判。在霍皮人的预言中，他们谈到了地球上即将发生的类似此前三个世界发生的那种大清理。《吠陀经》中也谈到了在新的黄金时代来临之前喀历周期的终结，以及卡莉女神如何来到世间，消灭所有邪恶不忠之徒。

在基督教《圣经》中，“启示录 20:12”指出：

> 我又看见死了的人，无论尊贵卑微，都站在宝座前。案卷都展开了；另外有一本生命册也展开了。死了的人都根据这些案卷所记录的，照他们所行的，接受审判。

甚至在第 9 章中探讨的玛雅预言也讲到，到了“最后时刻”，我们每个人都将面对镜厅，必须为自己的行为负责，接受评判。

所有这些资料都惊人的一致，都讲到了某种“启示”。几个世纪以来，我们的文化和宗教一直为即将发生的“坏事”感到着迷。一般说来有下列几种可能性：称为“Z箍缩”的太阳耀斑、磁极转换、全面的地壳偏移，或者可能有流星或彗星撞击地球。我们不妨依次了解一下各种情况。

“Z箍缩”太阳耀斑

这种想法源自这样一种观点：太阳或许会莫名其妙地“兴奋”，出人意料地燃烧起来，导致日冕物质大量喷射，直接把地球烤干。由于地球磁场的异常，这种喷射的火焰会被从磁场最弱的极点吸引下来，而通常情况下磁极是保护我们不受这种喷发的侵害的。导致“Z箍缩”场景不同寻常的原因在于：在某些外来条件的影响下，地球磁场中的粒子可能会离子化，进入一种等离子体状态，超热的气体将被磁场捕获，从而可能连续几天甚至几个月烧灼地球。

这种观点是物理学家保罗·拉·维奥莱特（Paul La Violette）博士在20世纪80年代提出的。他认为银河系的中心会定期“爆炸”，发射出他称为“银河超级波”的伽马射线能量束。虽然地球的磁场通常情况下可以保护我们不受这种遥远的辐射的侵害，拉·维奥莱特推断，太阳系之外的某些区域充斥着冰和灰尘，这种能量爆发会把大量的星际灰尘送入太阳系内部，导致太阳“窒息”，于是开始爆发。后来他指出，1.2万~1.3万年前出现的这种情况就是上一次冰河时代结束的原因，而某些玛雅预言的结论也说这一周期将在2012时代再度复临。

他的观点得到了一些人的支持。第一次把人类送上月球的“阿波罗”11号执行任务期间，尼尔·阿姆斯特朗（Neil Armstrong）和巴兹·奥尔德林（Buzz Aldrin）曾经在月球上观察过他们所谓的“糖衣甜甜圈”。著名科学家托马斯·戈尔德（Thomas Gold）博士在1969年发表的一篇科学论文中得出的结论是，所谓的“糖衣甜甜圈”就是月球上的灰尘团，因为受到迅速、高强度加热的影响，形成了灰尘团外面的一层玻璃覆盖层。[1] 戈尔德认为它们是在3万年前的某个时间形成的，从天体物理学角度来看，这是很近的一个时间。要在月球表面形成所谓的“糖衣甜甜圈”，太阳将必须排出正常排放量100倍的热能，而且要持续10~100秒的时间。这样规模的热量如果影响到没有受到任何保护的地球，那将会把地球烤焦，很可能甚至把海洋烤干，从而引起大规模的物种灭绝。Z箍缩效应是否会在一段时间内导致太阳耀斑爆发并影响我们几个月的时间还值得探讨。不过戈尔德确实下结论说太阳会定期地以这种方式爆发，或许每隔1万~1.5万年的时间。戈尔德还猜测说耀斑也可能是因为大型彗星或小行星随机撞击太阳引起的。无论哪种方式，如果出现这种情况，结果是不可能会令人愉快的。

Z箍缩太阳耀斑理论的支持者提到了各种各样的铭文来支撑他们的观点，比如法国昂达伊的昂达伊大十字架。他们还喜欢列举许多古老的岩画，有些可追溯到约10 500年前，岩画上描绘着人类、植物、动物，以及仿佛着火的天空。作家、十字架研究者杰伊·韦德纳（Jay Weidner）认为，昂达伊的大十字架是神秘的法国炼金术士富尔坎耐利（Fulcanelli，可能是化名）建造的，其中包含着一套炼金术密符，密符中认为地球和恶人将在2012年被来自太阳的火焰吞没。

这一理论的多数倡导者指出，在当前的太阳活动低谷期，太阳活动与太阳黑子都很平静，这表明太阳正在准备一次大规模的活动。太阳活动的盛衰周期大约是11年。活动低迷阶段的特点是太阳黑子活动较少，地球上的温度通常较低。活动频繁的阶段通常太阳黑子活动较多，有许多磁暴和太阳耀斑，地球上的温度较高。[2]最近的这次太阳活动低谷期是有史以来最平静的一次，这导致人们普遍猜测2012年的太阳活动高峰期会比正常情况下糟糕得多。但是，我们早已进入了当前太阳活动周期的上升阶段，而多数太阳物理学家现在都认为这次将非常温和地运行到下一个太阳活动高峰期。

这一理论的另外一处缺陷在于，我们地球的磁场确实能保护我们不受这种太阳能量爆发的侵害，而且虽然过去某个时期或许发生过类似“Z箍缩”那样的事件，但这并不意味着这种情况会很快就再次出现，更不要说在2012这个转折阶段了。而且即使上一次此类耀斑估计是发生在大洪水时期（公元前10500年），那次也是一场洪水，而不是一次耀斑。现在我们可以这么说，大约1.3万年前的上次冰河时代肯定要终结，而Z箍缩型的耀斑爆发当然会提高全球的温度，融化冰山。可以想象，这也就可能导致世界各地出现灾难性的水灾，尤其是在沿海地区。但如果是这样的话，那么Z箍缩耀斑消退之后，为什么冰河时代没有卷土重来？除非地球也偏离了旋转轴或太阳的能量输出处于历史高峰时期，否则大概北半球应该会再次冻结，冰川也应该再次出现。与此相反，极地的冰盖却继续融化。因此我认为我们暂且把太阳耀斑强烈爆发这一因素排除出去。

此外，正如我们随后将知晓的，利用当前现有的技术，我们也可以采取一些措施来防范这种特定情况的出现。因为出于上述原因，我个人认为太阳耀斑理论是解释世界末日场面最不可能的一种方法。

磁轴偏移/地壳位移

这种观点是多数2012年世界末日派的最爱，主要是因为有证据表明以前曾经发生过这种事。地磁反转（或者说磁轴偏移，指的是地球的磁场南北极颠倒）的概念是在20世纪20年代由日本地球物理学家松山基范（Motonori Matuyama）提出的，因为他发现海底的火山岩石具有不同的磁极方向。熔化的岩石冷却之后，其中所含的金属会磁化，它们的属性会带上当时地球磁场走向的“标记”。因此它们就代表了一个时间点，至少就地球的磁场走向来说是如此。最初的时候，认为地球的磁场居然会反转的观点遭到了科学界的嘲讽，但是随着人们发现并研究了越来越多的磁化岩石，他们发现，在地球的历史上，磁极确实曾经反复来回变换。这些变化大多发生在遥远的过去，而且许多这样的变化都是成批出现。（大约1 500万年前，磁极在1 200万年内转换了51次，大约每23.5万年转换一次。）抵消这些成批出现的磁极转换的是长期内几乎没有磁极转换的平静期。磁极逆转的原因一直没有搞清楚。有人认为磁极逆转是因为跟地球磁力“发电机”、旋转以及磁性的融化地核方面相关的内部力量。另外一些人，比如前面提到的保罗·拉·维奥莱特博士，则认为磁极逆转是外部影响造成的，比如他提出的来自银河系的超级波。

磁极逆转本身一直被认为是随机发生的，但是2006年的时候，一批地球物理学家开展的研究发现，它们的出现确实符合某种数学模型，这也就意味着磁极逆转是相互关联的，而不是彼此独立的。[3]数据还表明：磁极逆转的发生过程非常缓慢，至少要跨越数十万年的时间，上一次磁极逆转大约是在80万年前。这也意味着我们可能很快就面临一次磁极逆转。或者说，我们可能已经处于一次磁极逆转的过程中。

至于磁极逆转对人类的影响，除非与Z箍缩耀斑或彗星或陨石撞击地球相关联，否则影响似乎都微乎其微。在我们200万年的历史上，人类已经安全度过了至少一次磁极逆转，唯一造成的影响可能是天气。暴雨和大风可能会大幅增加，但除了沿海地区外，或许还不足以引起很大损害。不过，电子仪器和导航系统可能要进入更糟糕的阶段，而我们的日常生活，甚至包括向市场运送货物，却越来越依赖它们。突然发生的磁极逆转可能使多数计算机系统丧失功能，这会导致物流中断，从而出现大规模的饥荒和动乱。除此之外，地球的磁极逆转不会对人类整体造成多大威胁，尤其是在谁也不清楚计算机系统会不会受到不利影响的情况下。

地壳位移理论

另一个相关的问题地壳位移，或者说地球旋转轴的突然转变，则是截然不同的另一回事。这个概念指的是在某些地质压力之下，地球的上层地壳可能会脱离下层地幔，像松脱的橘子皮一样滑过内层的地幔。2009 年的电影《2012》剧情的核心就是对这一观点的模拟展现。由于地壳的滑动，各个大陆将沿着亚特兰蒂斯传说中的界线升降，海水将冲过海岸线，冲走世间万物，火山爆发和地震将摧毁整个地球。经过这样一次快速的变化之后，随着新的旋转轴的形成，地球气候会大幅变化，这种灾难的少数幸存者要历经艰辛才能重新恢复人类文明。

跟地壳位移相关的磁轴偏移观点最初是在 20 世纪初期由查尔斯 · H · 哈普古德（Charles H. Hapgood，1904~1982）提出的。哈普古德是拥有哈佛大学博士学位的历史学者，研究范围涉及各门学科。第二次世界大战期间，哈普古德曾经为中央情报局的前身特别服务办公室效力。战后回归学术生活不久，他就对古代世界的神话和传说，尤其是消失的亚特兰蒂斯大陆产生了兴趣。在探索一种可以解释整个亚特兰蒂斯大陆没入沧海的机制的过程中，他选择了地壳位移理论作为最有可能的解释，并在 1958 年出版了《变化中的地壳》（*The Earth's Shifting Crust*）一书。他的观点问世之际，正值伊曼纽尔 · 韦利科夫斯基（Emmanuel Velikovsky）的灾变史诗《碰撞中的世界》（*Worlds in Collision*）一书出版不久，同样也引起了公众的关注，因为大家都渴望得到更多关于自然和地球历史的新见解。哈普古德在《变化中的地壳》中提出的观点非常引人瞩目。阿尔伯特·爱因斯坦在逝世前不久亲自为该书撰写了序言：

我经常收到人们的来信，咨询我对他们没有发表的观点的看法。不言而喻，这些想法从科学角度来看很少有什么价值。然而，我从哈普古德先生那里收到的第一封信就让我大为震惊。他的观点很有原创性，极其简明扼要，今后将被证明对于跟地球表面历史有关的万事万物来说都具有极其重要的意义。在我看来，这种令人吃惊甚至令人着迷的观点值得每一个关注地球发展理论的人认真加以思考。

在《变化中的地壳》一书中，哈普古德提出的“令人震惊”的观点是：在过去的10万年间，地球的物理极点，也就是地球旋转轴的对齐方式，曾经至少有过3次激变，而最近一次则是在大约10 500年前完成的。（是的，就是汉考克和其他人认为《圣经》中的大洪水发生的同一个时间。）他列举了自己理论中的许多因素，包括，地壳与坚硬的地幔之间存在一个类似液体的地壳可以在这个层面之上滑动，还列举了地球磁极曾经频繁改变的证据。

哈普古德引用的解释机制是：随着地球某个或两个物理极点的冰层的积累，千百年之后，一个地点积累的过多冰层会导致“惯性张量”出现不平衡。基本上，这里就是地球自转轴的重心。哈普古德设想的是，地壳会沿着外层地幔滑过，而内部的地核将保持原来的旋转轴方向。换言之，地球不会“摆脱”其旋转轴，就像2004年印度尼西亚的海啸一样。相反，地壳只是松散地滑过地球的内核。爱因斯坦对此也作过评论：

在极地地区，冰层会不断沉积，而且分布也不对称。地球的自转会影响这些非对称分布的沉积冰层，产生能够传递到坚硬的地壳的离心力。通过这种途径产生的不断增长的离心力达到某种程度之后，就会导致地壳脱离地球的其他部分发生移动，这会让地球的极地区域趋向于赤道。

然而，随着岁月的流逝，不支持哈普古德观点的一些证据开始不断增加。爱因斯坦本人作了一些计算后也指出，极地冰层的重量不会达到引起这种灾难性的地壳滑动的程度，哈普古德最后也同意了爱因斯坦的看法。此外，哈普古德出版《变化中的地壳》一书时，板块构造学说还没有站稳脚跟，人们仍然认为地壳是连成一体的。这将使磁性岩的数据更令人质疑，因为磁场极性的波动有可能受到当地条件的影响。哈普古德1970年针对这一主题撰写另一本书《极区之道》(*The Path of the Pole*)的时候，已经放弃了他的突发性灾难模型理论，而是提出了更加循序渐进的模型，说他相信物理极点的变化持续大约5 000年的时间，然后是2万~3万年的稳定期。但是，由于没有冰层作为主要的诱发因素，他的观点开始失去吸引力，因为他没能提出另外一套可被接受的机制。

哈普古德后来又写道，小行星撞击或一些不确定的“地下”过程肯定是背后的原因，但直到1982年去世，他也没能再次提出一个真正合理的理由来支撑自己的模式。不过在20世纪70年代中期，他的地壳位移理论得到了另外一种备受争议的观点的推动，那就是撒迦利亚·西琴的“尼比鲁星理论”。

第12颗行星

亦被称为“第12颗星球”的尼比鲁星是造成最令人恐怖的末

日场景之一的罪魁祸首。按照推测，尼比鲁星有漫长的椭圆形轨道，每隔3 600年通过内太阳系一次，西琴提出的理论是，当尼比鲁星接近地球的时候，两颗行星的磁心会尽量像两块磁铁那样去对齐，结果地球的外层地壳就会从内部融化的核心脱离，从而导致对大家来说都非常糟糕的结局。

西琴之所以被太阳系存在第10颗行星的观点所吸引，是因为他曾经研究过迄今为止最古老的人类文明——公元前5 500年的古苏美尔文化。在自学了如何阅读古老的楔形文字之后，西琴通过解读古苏美尔人的文本，认为其中提到了神秘的“第12颗行星”（他们把月球和冥王星都算做行星），这颗行星每隔3 600年经过内太阳系一次。西琴声称，这颗行星——他说苏美尔人称之为尼比鲁星（意思是交叉的地方）——沿着拉长的轨道旋转，周期是3 600年。在他阅读到的苏美尔人宇宙观中，尼比鲁星上居住着一个称为阿努纳奇人的种族，他们在40多万年之前来到了地球上。在如今伊拉克所在的位置登陆后，他们在地球上逗留了几十万年。在此期间，通过与当地的土著尼安德特人通婚，他们改造了人类的基因（“我们将根据自己的影像塑造人类”），于是就有了克鲁马努（现代）人。

进一步分析更古老的书卷后，西琴得出了如下结论：《圣经》中提到的大洪水是大约12.5万年前尼比鲁星非常近距离地从地球一侧通过造成的结果。尼比鲁星非常接近地球的时候，因为它的密度要远远超过地球的密度，结果就会对地球的镍铁磁心产生引力，就像两块极性相反的磁铁一样，地核会反转过来跟尼比鲁星的核心相连，结果整个地球就颠倒了过来。由此造成的结果和我此前的描述大同小异，在这个过程中，估计人类中的大多数个体都会被一扫而光，最后仅剩下苏美尔人版本中提到的诺亚方舟和少数人类。

同样，西琴的描述很有娱乐性，不过支撑他的观点的证据却寥寥无几。他声称，圆筒印章表明，除了尼比鲁星外，古代苏美尔人还知道海王星和冥王星（没有望远镜的帮助不可能发现这两颗天体）的存在，这种说法至少也是有争议的，而且在地质记录中似乎也没有任何关于磁极偏移的相关证据。在当今大多数地质学家看来，极点漂移现象似乎是现实存在，但冰层和冰核记录都表明，虽然地球的旋转轴确实转变，但速度却极其缓慢。2001 年的一篇论文证实，在过去的 1.3 亿年间，地轴的偏移不超过 5 度，而且即便如此，偏移的速度也几乎是难以察觉的。

尼比鲁星的话题就此打住。

因此，如果地质学家们的观点是正确的，那么地球任何时候都不会出现轴线偏移，我们也不会被猛烈的太阳耀斑像发动地狱风暴般地吞没。不过我可以告诉你：在世界各国的政府中，似乎确实有些人非常担心跟 2012 相关的一切。

危机中的世界

在作为兴趣复萌的阴谋论者的往昔生活中，我变得很擅长体会言外之意，能够领悟政府和神秘社团的象征语言，比如共济会的象征性语言。回顾韦利科夫斯基和哈普古德等人描述的灾难场景历史时，我不由注意到，他俩都跟爱因斯坦有关联，纵使只是职业上的关联。因此，开始审视流行文化中各种各样的关于 2012 世界末日的场景时，我开始思考是否可能存在某种其他的关联，是否有某种情况可以把所有因素综合起来，从而让我可以领悟世界各国的政府是如何考虑这个问题的，而且如果有的话，他们正在采取什么措施。

承老友及良师理查德 · C · 霍格兰的大力相助，这方面我没有花费很多时间。

原来，理查德在谈论一本非常有趣的书已经有十几年了。显然，他是通过女朋友罗宾 · 法利科夫（Robin Falkov）博士和我们共同的朋友肖恩 · 戴维 · 莫顿了解到这本书的。这本书的书名似乎就预示了不可避免的情况，这正是——《危机中的世界》（*World in Peril*）。

乍一看，这个书名似乎不怎么合适。奇怪的是，相形之下，书的副标题却是平淡无奇："第 46/72 侦察中队的由来、使命及科学发现"。一个侦察中队的科学发现？这可算不上世界末日传说方面的话题。后来我发现，这是肯 · 怀特（Ken White）撰写的类似于回忆录的一本书，书中描述的是他父亲回忆的"二战"结束后在侦察中队的军旅岁月。第 46（后来成了第 72）侦察中队是美国战略空军司令部（SAC）指挥下的第一个中队，而战略空军司令部则是美国空军的一个部门。"二战"结束后不久，怀特的父亲梅纳德 · E · 怀特（Maynard E. White）少校受命指挥该中队。第 46 中队被安排参加"北极熊项目"，该项目的任务（部分）就是描绘出物理北极和磁性北极的具体位置。因为战略空军司令部的任务就是组建战略核武器轰炸力量，因此搞清楚如何引导飞机飞越北极也是他们分内的任务。在不断升温的冷战氛围中，以苏联作为假想敌，飞越北极攻击苏联可谓势在必行。借助各种精密仪器的帮助，第 46 中队在极地附近执行了无数次飞行使命，直到收集到足够的数据，然后怀特少校把数据呈交给上级以及和五角大楼合作的一批科学家。全书的内容基本上都无关痛痒，除了标题为"地球翻转"的那一章内容。

侦查中队显然发现，地球的极点，无论是物理极点还是磁场极点，实际上都在偏移，而且速度惊人。怀特曾对儿子讲述过他在五角大楼参加的有关这一特定主题的会议：

> 目前的间冰期——全新世——大约开始于1万年前……估计会在今后2 000年内终结。这一估计跟政府组织的科学家作出的预测密切相关，他们预测地球的下一次“翻转”将在他们开展研究之后的17~1 000年内的某个时间发生，而他们的研究是在1947年开展的。

怀特提到的“间冰期”就是我们现在所处的时代，开始于大约1.2万年前上个冰河时代结束的时候。随着冰盖和冰川的消退，有更多的土地变得适合人类居住，可以供人类开垦和耕作。没有人确切地知道持续约250万年的上一个时代——更新世——是因为什么原因终结的。然而，考虑到冰盖甚至向南延伸到美国的华盛顿州，地球旋转轴的偏移也很可能是其中一个原因。

这本书并没有明确说明科学家们是以什么信息为依据得出的极点会在随后的17~1 000年内根本“翻转”的结论，但书中确实指出了科学家们心目中告知公众他们的发现的最佳方式。

> 1948年初，怀特少校参加了在五角大楼举行的一次科学会议。在这次会议上，科学家们讨论了提醒公众注意即将到来的极点反转线性是否可行这一问题。科学家们都不同意向公众屏蔽这一信息，但是另一方面，他们也没能就如何透露这一信息达成一致。有些科学家认为，了解到这种现象本身就可能破坏社会的道德品质……[4]

如果读过《暗黑任务》一书，你就会注意到，这些担忧跟《布鲁金斯报告》的作者们表达的担忧非常相似，《布鲁金斯报告》

详细列举了如果美国航空航天局在月球或火星上发现外星物品时通报公众的最佳方式。但是书中也指出，即将发生极点偏移的消息在报纸杂志上刊登之后，多数恐惧都有所减轻，而且公众对此也没有什么强烈的反应。

你可能说我多疑，但在我看来，像爱因斯坦这样的科学天才很可能被人咨询过对这个问题的看法。毕竟，他曾经接受过许许多多的安全审查，如果他对这些研究一无所知那似乎是不可想象的，尤其是如果人们认为这些研究和人类未来的生存关系重大的话。因此这也就使得他对哈普古德关于这一现象的创新之作的支持非常有趣了，至少我们可以这样说。哈佛大学毕业的哈普古德学术背景深厚，此外我们也不要忘记他跟战略情报局/中央情报局的关联。在我看来，如果五角大楼的有识之士担心物理地轴的突然偏移和公众的反应，那么像哈普古德和爱因斯坦那样把信息散发出去正是他们所期待的方式。即使没有什么其他效果，这样做也好促使五角大楼之外的地质学家和其他科学家来开始认真研究这一问题，因为不管出于什么原因他们也不可能被吸收进五角大楼的研究团队。由此当然也就导致出现了一个非常有趣的推断过程：

1948 年：美国国防部宣布：在今后 17~1 000 年内的某个时间，地球可能突然出现旋转轴偏移现象。

1950 年：伊曼纽尔·韦利科夫斯基出版《碰撞中的世界》，书中宣布：一颗庞大的彗星（他现在说当时指的就是金星）从附近经过导致了地球的轴线翻转。

1957 年：艾森豪威尔总统宣布“国际地球物理年”的研究包括板块构造、地球旋转、磁极等内容。

1958 年：哈普古德出版了得到爱因斯坦欣赏的《变化中

的地壳》一书。

1961 年：美国总统约翰 · F · 肯尼迪确立了到 1970 年把人类送上月球并安全返回地球的国家目标。

20 世纪 60 年代中期：兰德公司出版《人类可以居住的行星》报告，报告指出，如果地球的磁极和物理极点重合，那么地壳将从地幔脱离，偏离 90 度以上。

1970 年：哈普古德出版《极区之道》一书，放弃了灾难性的磁极偏移观点，转而支持物理磁极偏移渐进论，因为他没有一个合理的突变机制。板块构造理论开始被普遍接受为磁极偶尔偏离的解释。

20 世纪 70 年代中期：玛雅历法被破解，世界末日被确定为 2012 年，磁极偏移与此相关。

1976 年：西琴出版《第 12 颗行星》一书，为地壳位移理论提供了一种因果机制。

1985 年：关于极点漂移的第一批研究得以发表，结论是物理极点曾经偏离现在的位置，但速度只有大约每 100 万年 1 度。

2002 年：进一步研究表明，以前曾经有过两次 55 度的地轴偏移，但是都发生在 7 亿多年以前，很可能是彗星或小行星撞击地球造成的后果。

列出这个发展过程后，我看到了一个很清晰的模式。“二战”之后不久，磁极的移动就在政府的核心圈子里引起了大范围恐慌。知晓内情的科学家们确信地球旋转轴的位置是不稳定的，几乎可能在任何时间翻转。为了在不让公众过于恐慌的前提下得到更多信息，有几篇推断性质的文章发表了出来，以激发科学家们的研究兴趣。也许是作为对已有信息和预测的回应，肯尼迪总统推动发起了载人航天计划，为撤离地球作准备。20世纪60年代中期，兰德公司的研究结论是，如果地球的磁极和物理极点重合，那么地壳将摆脱地幔的约束，偏移高达90度。到了20世纪70年代，板块构造理论以及它们如何影响磁极历史的记录表明，在任何情况下，地壳都不可能整体脱离地幔。70年代中期，西琴出版了《第12颗行星》一书，德累斯顿抄本的内容也被破解，由此导致人们对地轴极点偏移再次产生了兴趣。而自2000年以来，新的研究表明，至少几百万年以来，根本没出现过任何严重的旋转轴偏移，而那些从理论上加以探讨的旋转轴偏移很可能是小行星或慧星撞击地球引起的。

……

所以总而言之，我现在已经远远不像以往那么担心类似电影《2012》中所描述的那种磁极偏移场景了。我认为2012时代根本不会出现这种情况。但是，我仍然担心太阳耀斑，或许甚至还担心磁极变化对天气的影响，至少在一定程度上是这样的。不过，Z箍缩太阳耀斑和磁极偏移概念有一个共同点，这就是所谓的高频活动极光研究项目。

高频活动极光研究项目是安排在阿拉斯加州加科纳附近实验室的一个非常专业的电离层研究项目。设立这一项目据说是为了试验加强海军的通讯手段，甚至可能用于确定朝鲜这样的国家地下设施的位置。阴谋论者曾经对高频活动极光研究项目的真正目的大加猜测。有人认为是为了思想控制，还有人认为是为了诱发地震。我一直觉得，这个项目还有一个秘密的甚至可能是双重的目的。

高频活动极光研究项目的使命实质上就是让地球大气层上层

和保护性的磁层之间的电离层“变硬”。虽然地球的磁场可以很好地保护我们不受正常水平的太阳辐射的影响，比如X射线和其他类型的放射性粒子，可是在极地附近磁场却是最弱的，而我们也已经知道，那里正是强烈的太阳耀斑可以钻过保护层灼伤地球的地方。因为电离层在太阳的能量通过磁场的过程中会带电，因此它实际上是保护我们不受此种有害的太阳耀斑侵害的最后一关。通过“加强”电离层——这是高频活动极光研究项目在公开的文献中宣称的使命，从理论上讲，这一项目实际上有能力在Z箍缩耀斑出现的情况下增加一个额外的保护层。

从该项目发表的情况简报可以看出，高频活动极光研究项目的运转应该是在 3.6 兆瓦范围内。相比之下，一座主要城市里常见的地面电台的运转也就是只有 5 万瓦。然而，虽然 3.6 兆瓦看起来规模很大，但实际上这些能量并不足以对电离层产生很大影响。不过高频活动极光研究项目有 180 多个工作天线，结合在一起它们可以达到 5.1 太瓦的范围。作为对比，2006 年全人类的能源使用总量约为 16 太瓦。

在这个层面上，高频活动极光研究项目理论上可以把电离层的力量提升到在出现Z箍缩太阳耀斑事件后北美不受影响的强度。至少从理论上讲，它也可以用于防止磁极过于接近地理极点从而导致 20 世纪 60 年代时期兰德公司非常担心的那种地球漂移场面。对我来说，这一项目究竟是否被用于这一目的纯属猜测。无论如何，考虑到最近的研究似乎已经推翻了兰德公司早期的报告，这种可能性似乎非常小。

近年来，在其他地方也涌现出了一些类似的设施。在挪威的特罗姆瑟附近，有一处称为“EISCAT”的电离层加热设施。俄罗斯也在诺夫哥罗德附近建立了苏拉电离层加热设施。在波多黎各的阿雷西波射电天文台附近，美国还有另外一处类似高频活动极光研究项目的设施。只要简单地看一下地图就不难发现，如果高频活动极光研究项目的真正目的在于保护地球不受Z箍缩型太阳耀斑的入侵，那么这些地点的设施将有效地保护美国、西欧和俄罗斯不受这种事件的影响。阿雷西波的设施也可以有效地保护美国南翼不受来自南极地区的任何威胁。因此说实在话，虽然我认为所有这些关于世界末日的描述都很令人担忧，但毫无疑问，至少各国政府似乎都在采取一些防范措施。

但现实情况是，虽然这些技术方面的解决方案都很让人欣慰，但至少在霍皮人看来，超凡的技术并没有让上一个人类世界幸免于难。但请记住：在那个世界中，人类已经彻底迷失了方向，在那个世界中，人类“已经背离自然规律，只追求物欲，最后还在嘲讽精神原则的同时孤注一掷”。今天的我们与此截然不同。是的，我们也有问题，世界各地也有许许多多的人重视物欲、漠视精神方面的追求，但也有曙光，有新的黎明的曙光。我们需要做的，就是拥抱这一新的曙光。

第16章

神迹奇事

The Choice

Using Conscious Thought and Physics of the Mind to Reshape the World

几千年来，人类一直把天空看做所有知识、智慧和人生指引的源泉。他们利用恒星的旋转轨道来追踪和记录周期、季节和时代。即使在今天，尽管我们自以为是地相信万事万物都是可知的，世上已经没有多少谜团，我们却很少留意行星和恒星，虽然它们在我们头顶的天空中灼灼闪耀，也很少注意岁差的流变。或许我们只是下意识地知道这些天体的运动，然而在清醒的时候却很少用心考虑。但是要感受太阳系和周围星系的影响，我们却并非必须成为天文学家。

在人类与地球和谐相处、跟自然之神力共同创造世界的时代，我们曾经非常清楚这一切。当时我们的头脑还没有变得如此活跃、如此强大，然而，现在我们已经失去了在三维世界为我们的心灵和肉体提供动力的那种内在精神。所以按理说，我们只要像以往那样留意观察天空中的神迹奇事，那么就应该能够一窥今后几年的奥秘。

玛雅人当然相信这一点。这正是他们准确地追踪金星的运动并将其融入德累斯顿抄本的原因。埃及人肯定相信这一点；这也是他们建造大金字塔从吉萨追踪猎户座沿子午线的运动的原因。秘鲁的纳斯卡印第安人当然也相信这一点，这也是他们把星座图铭刻在城市周边的广阔平原上作为宇宙镜像的原因。只是到了我们这一代人，在左脑主导的现代视角的影响下，才对星体的歌声充耳不闻。

正如英国皇家天文学会会员罗伯特 · 坦普尔（Robert Temple）教授在《天狼星之谜》（*The Sirius Mystery*）一书中指出的：

> 在我看来，一个人如果可以在不是非常明显的思想结构之内完成象征性的举动，那么他的心智就是健康的。如果不能理解这种联系，拒绝接受这种象征性思考的基础，那么心智就是病态的。20世纪非常擅长产生我提到的这种心智病态的人——他们的心智中具备无知与傲慢的独特融合。20世纪超理性主义者的中间力量会嘲讽说，日常生活和宗教典礼的关联是原始的迷信。然而，理性主义者的评论并不是对象征性思考的评论，而是对自己的评论，他们只是给自己贴上了行尸走肉的标签。

现在我不会像坦普尔教授那么苛刻。毕竟，从孩提时代开始，我们实际上就已经被洗脑，只去听命于理性思维，漠视灵魂的歌声。不过坦普尔教授确实提出了一个正确的观点：任何心灵如果只是留意理性的方面，拒绝接受心灵中情感经历的奇观，那么它就是“病怏怏的”。正如我以前多次开玩笑说过的，我是军工联合企业的正式会员。在从事技术行业的这些年里，我并没有碰到过很多快乐的科学家或工程师。但就我认识的人来说，只要花费在心灵上的时间超过花费在大脑上的时间，他就一定会过上极其幸福的生活。

古人很明白这个道理。这也是为什么在人类历史上直到近代，科学家同时往往也是神秘主义者的原因。从字面意义上说，他们可能不比我们更聪明，但是他们短暂的一生的收获却超过我们大多数人。而这都是因为他们只是观察天上的群星……并用心思考。

因此，当我们感觉精神得到提升，一颗颗的恒星对我们的心灵而不是大脑的意识产生影响的时候，如果我们开始仰望星空，会有什么发现呢？在我开始观察的时候，我（和很久以前的玛雅人及霍皮人一样）也感受到了即将到来的变化。我们都想知道2012年会发生什么，而事实是将要发生的事情已经开始发生。今后即将出现的不同寻常的天文事件（多少世纪以前，玛雅人都已经全盘知晓）的数量让我坚定地相信：很快就会出现某种情况，从而彻底改变我们的世界。

你阅读这部分内容的时候，两次关键的天体活动都将已经出现。首先是发生在2010年7月17日的第二次宇宙汇聚。卡勒曼认为，在可能更加混乱的动荡期开始之前，这一事件是调整地球频率的第一个真正的机会。在他看来，我们现在所处的意识阶段银河系地下世界的目的在于实现平衡。不仅仅是东方和西方的平衡，还有左脑和右脑之间的平衡。正如我们的世界是由西方的思想支配一样，我们的意识也是由逻辑思维或左脑主导。7月17日出现宇宙汇聚后，我们当中会有越来越多的人寻求真理和光明，会有越来越多的人提出问题，希望有办法可以帮助别人。

卡勒曼称这种新的存在状态为“超精神宇宙意识”，因为玛雅历法背后的驱动力的影响将会得以实现。而我或许可以补充说明的是，这种力量他仍然无法从物理角度给出解释。正如他所说：

> 实现超精神宇宙意识的一个关键前提就是第二次谐波汇聚（公元2010年7月17日）的那次合一庆祝活动。站在银河系地下世界带来的平衡局面之下，这将是我们第一次开始感受到宇宙的地下世界带来的超精神意识。对所有那些试图

成为具有无限意识的新人类的人来说，这是一个吸收宇宙新能量的机会。这些日期跟宇宙地下世界相互关系的确定方式，就像1987年8月16日~17日那次谐波汇聚可以被看做是为银河系地下世界的准备一样。7月17日是凤凰浴火重生、文明的世界从混乱中诞生的日子，就像在新耶路撒冷的某种复活一样，生命完全就是在当下时刻，没有任何限制，没有任何隔离。神是美善的。玛雅历法中蕴涵着一种神的演化逻辑。或许实际上神、生命和意识都是一回事。

因此，我们许多人现在正在经历的变化，我们一直以为只对时尚杂志和电视真人秀节目感兴趣的朋友和邻居的觉醒，都会在2010年7月被推上新的开端。在卡勒曼看来，意识汇聚将导致从美国开始然后波及世界各地的货币体系崩溃。他预计，在2010年7月17日和2010年11月2日历法的第六个夜晚终结之间的某个时间，西方的银行系统将会崩溃。他预测说所有拖欠银行的贷款都将被豁免，而国家之间的债务也将以类似的方式消失。这很可能会导致战争，但上次这种类型的重大转折出现在1986~1992年间，尽管当时苏联解体了，却没有出现战争。

我认为这些都不会发生，但我相信，宇宙融合是我们通过祈祷和冥想凝聚地球能量的一个关键机会。在我看来，这里最大的缺陷是，从物理学的角度来说，这些日期未必就意义重大，或者说这些时期根本没有什么特殊之处。正如我们在前面几章了解到的，类似银河系核心/太阳/地球这样的天体排列或日食可以对仪器和电子设备产生可以测量的影响，但只有这些特定的排列情况出现时才会产生影响。然而，卡勒曼从日历的解读得出的发现可能在于由此打开了一扇窗口，变化的星体位置（以及地球本身的物理状况）已经具备了意识改变的成熟条件。从能量的角度看，我们和我们的地球正变得越发柔韧，就像宇宙中的一大团橡皮泥。如果我们的目光越过第六个夜晚，我们就会发现，几乎可以确定，有一系列的天体排列和天文事件将以难以预测的重要方式影响我们。

第一个有趣的天文事件正好发生在 2010 年 11 月 2 日，玛雅历法的第六个夜晚象征性的终结之际。就在大约六个星期后，当我们正处于第七天早晨的上升曲线时，出现了一次月全食。这件事本身并不是多么不同寻常。世界各地每隔一两年就会出现月全食现象。2010 年的月全食的不同寻常之处在于发生的时间非常重要：2010 年的 12 月 21 日正好是 2010 年的冬至，距离当前玛雅长历法周期的终结正好还有两年的时间。

因此，就在本书付印仅仅几个星期之后，美国和北美各地夜空中的月亮将变成血红色。正如我们从莫里斯 · 阿莱的实验中了解到的，日食会对地球上的物理仪器产生明显的影响。由于 5 月间的第二次谐波汇聚和 7 月间的意识汇聚的影响，这里的人们的觉悟状态已经有所提升，而这次月食又会产生什么影响呢？它是否意味着我们正在经历的变化将开始一个新的加速度阶段呢？这当然是可能的。但在我看来，毫无疑问，这一事件本身就意义重大，将对我们的思想产生一定程度的影响。很有可能，在 5 月孕育、在 7 月诞生的这一事物将在 12 月以某种方式献祭出去。但是，如果说长历法终结两年前冬至日的月食是天体之间的一种偶然性排列，那绝对是不可能的事情。

日食，2012 年 5 月 20 日

我认为卡勒曼关于 2011 年 10 月 28 日是历法终结时期的观点

是错误的，其中一个原因在于，从天文角度看，2011 年根本没有任何不同寻常之处。不错，这一年会出现 4 次日偏食和两次月全食，但是我敢预测，它们的物理/情感影响都将是微乎其微的。然而，下一次主要的日食事件将发生在 2012 年 5 月 20 日，我怀疑这一事件将会不同寻常。

月食总是出现在新月期间。从占星学的角度来看，新月是新开始和新机会的象征。所以，按理说，我们的意识将在月食期间受到影响，因为月食可能会放大我们已经很活跃的寻找新开端的趋向。事实上，如果我们从物理角度观察一下本次月食就会发现，几乎可以确定的是，我们将在关于这个阶段的思考（如果不是我们的生活条件的话）方面发生重大变化。

这一切是如何跟 2012 年 5 月 20 日的日食发生关联的就具有深远意义了。

在那一天，日环食将从北半球跨越东西方。（日环食指月亮和太阳精确地对准，但是因为月球距离地球过于接近，太阳并没有被完全遮蔽。）日食首先（可以把它看做金星凌日时出现的那种最早的接触）从中国靠近北回归线的海岸开始。日食范围最广的确切时刻出现在国际日期变更线上，那里正好是东方与西方之间的中点。

考虑到卡勒曼对银河系地下世界的反应，这种说法有点像个漂亮的圈套，对吧？“东方和西方之间的平衡。”这就是我们将要目睹的景象。而且你如果追踪一下日食的发展过程，你会发现情况更有趣。等到日食发展到美国海滨的时候，也就是日食结束的时候，月球的位置正好处于一个非常重要的精神中心的正上方，这个精神中心就是加利福尼亚州的沙斯塔山。

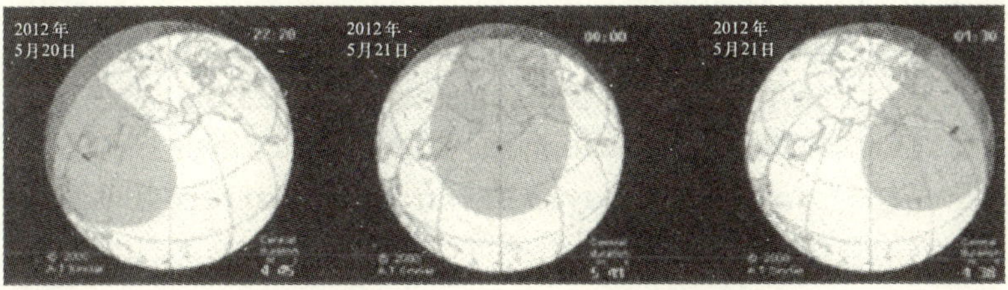

图 16.1　2012 年 5 月 20 日，日环食的发展路径和新月重合（图片承美国航空航天局惠允使用）

长期以来，沙斯塔山一直被许多宗教认为是一处神圣的精神领地。这座山本身是完全孤立的，比周围地带高出 1 万多英尺。当地的印第安部落一直在该地区拜神，认为这里是圣地，可以常年用做举行精神仪式的场所。此外，山上还有一处佛教寺院。有些新时代人认为，这里有一处利莫里亚人居住的地下基地，而利莫里亚人正是跟亚特兰蒂斯人关系很近的种族，他们于自己所在的大陆被毁后来到了这个山区。

不管你对此持什么看法，但最基本的情况是，参观过这个地方的人都相信它是神圣而特别的。但是在日食那天会出现的情况可能更神圣、更特别。5 月 20 日的日食结束时，月球的阴影将有效地处于第四接触位置，跟 2004 年金星凌日时外部接触的位置完全一样。如果形式确实有效（根据物理学的观点，形式肯定有效），那么对各种各样的带电荷的工具都会有深刻而且容易发现的影响，我怀疑，甚至对我们的大脑都会有影响。

因为对物理学中的这些反响情况持开放态度，这件事对我来说就很惊人了。在所谓的联合东方和西方的时间段（根据卡勒曼的看法）内，日食恰恰从东方（北回归线附近）开始，在国际日期变更线达到发展中期，然后在西方的美国最神圣的地段终结，这整个过程完全超出了我可以接受的巧合的概念。问题就是：这些巧合没有一处属于巧合。他们都受到物理因素的驱动，亿万年前，有人就在某个地方精心设计好了这一切，而且很可能就是从创世之际开始的。

如果卡勒曼的解释是正确的，那么这次日食就是我们正在经历的过渡时期的一个极其重要的标志。它实际上就是玛雅历法的现实版本，通过天体在物理领域的运动来得到体现。正像卡勒曼预测的银河系地下世界的效果一样，这次日食将会带来平衡。从这次日食，我们将要看到的是卡勒曼版本的银河系地下世界的物理表现。即将出现的是东方与西方之间的平衡、北极与赤道之间的平衡、阴与阳之间的平衡，以及心智与精神之间的平衡。

现在，我们当然可以说卡勒曼是完全错误的，因为他所描述的意识转变发生在2010~2011年之间，而不是2012年。我对玛雅历法的熟悉程度还远远达不到质疑他的方法的地步，但是我想要说的是，就通过分析行星的运动来解读宇宙真相来说，似乎他发现的转折阶段应该在2012年，而不是2011年。

这并不是说他是错误的。事实上，毫无疑问，我现在也同意，第七天将会带来一个跟他描述的完全一样的意识变化。因此我认为卡勒曼是绝对正确的，他只是把日期搞得有点混乱而已。

但关键要记住的，以及我所担心的，就是今后发生的事情。根据卡勒曼对玛雅历法的解读，我们达到这个层次的意识程度之后，一切都将平安无事，皆大欢喜。但是我的物理知识却告诉我，恰恰相反，因为在2012年5月20日之后，在长历法周期终结前，还将出现3次重要的天文事件。他们带来的变化或许跟我们的思想和感情无关，但却与我们生活的这个星球上的物理状态息息相关。

就在日食结束几天之后，2012年6月6日将会出现金星凌日，这是始于 2004 年那一轮的第二次。然后在 11 月，将会出现影响南半球大部分地区的第二次日食。接着，在 2012 年 12 月 21 日，我们将迎来 Y 形三角（“上帝的手指”）和其他从占星学角度看影响深远的天体排列方式。从现在开始，到那个时期之间，我们必须要做的，就是留意这些迹象，认真对待这些警示和预兆，用我们自己的力量，用我们的精神力量，为地球确定将来的命运。我们每个人都有足够的能量让这个世界朝着我们希望的方向变化。库库尔坎神沿着蛇绳到这个世界来评判我们的时候，我们将要面对的并不是《圣经》中提到的末日审判。我们面对的是他对我们的意图的评判，这也是镜厅的用途，需要我们去作出抉择。

The Choice

Using Conscious Thought and Physics of the Mind to Reshape the World

第 17 章
抉择

The Choice

Using Conscious Thought and Physics of the Mind to Reshape the World

所以到现在为止，你的头脑中可能已经塞满了信息和数据，你甚至都不知道这一切意味着什么。你可能也希望我尽快谈到正题——在我看来，2012 年究竟会出现什么情况?

在我看来，我们都将必须作出抉择。

从此前的所有信息显然可以看出，2012 时代将是一个伟大变革的时代。无论是从物理学的角度，还是从占星学的角度来看，我们都将变得更加分化。

在这个时刻，我们大家都要选择自己的立场。

顺便说一下，如果你想推卸责任，现在为时已晚。哪怕是因为拿起这本书，（希望你已经买了一本！）你就已经投了一票。你已经作出了决定，要成为觉醒者的一员，你选择了参与进来。你现在要做的就是带来变化，不仅仅是为了你自己，也是为了别人。另外，请你记住，沿着这条道路前行，你将不会有辉煌的结局，也不会得到收获。因为无私地参与拯救地球的行动，你也不会得到任何荣誉。你将得到的，只是那些沉睡者发出的冷言冷语，他们会和所有末日预言者一起抨击你，而且也不会出现任何真正的坏事。这是很糟糕的一种情况，但正是我们大家自己作出的选择。

请记住，一种甚至多种灾难性的场面仍然可能出现。看起来我们的政府好像也很清楚这种可能性，而且似乎在采取一些措施以维护我们的世界。但是，从他们似乎在为每一种可能性作出准备的方式中，在我看来同样很清楚的是，他们在尽量力所能及地预测或控制即将出现的情况。而他们无法预测的，恰恰是在我们自身的未来中我们的参与程度会如何。

你明白了吧，我们的作用是未知数。我们一直接受的教导，甚至达到洗脑程度的，就是去相信：启示或者说巨大变化的时刻，是发生在我们身上的事，而不是我们可以积极参与的事。这也是我认为许多有关 2012 的思考走上迷途的地方。我们必须担心的，不是这种特定的情况或那种灾难，而是在关于未来的这一重大问题上我们自己的抉择。研究 2012 问题的许多出色的研究人员，甚至包括我很喜欢和欣赏的戴维 · 威尔科克和丹尼尔 · 平奇贝克这样的人，他们的行为都好像耶稣升天已是既成事实一样，好像只要我们露露面世界就会万事大吉，今后的 1 万年我们就可以轻松地唱圣歌了。我不同意这种观点。

的确，行星的物理特性和排列方式会使得这一问题成为可能，不过我列举的一些灾难场景也是真实的。星体不能强迫，它们只能发挥推动作用。政府也在试图有所作为，他们正在尽最大努力来为我们面临的问题创造技术方面的解决方案，但就未来而言，那只是成功的一半，另一半必须依靠我们的努力。

毫无疑问，在今后 10 年左右的时间里，将出现一股源自银河系中心的能量脉冲、扭力能量脉冲。能量脉冲本身是中性的。在三维现实世界现身之前，它没有任何内在的目的性。库库尔坎神、伟大的白人兄弟、卡莉女神或奥西里斯神来到世间评判的，也不是他们心目中对我们的期待，而是我们对自己和我们的星球的期待。如果我们身处陷入恐惧、匮乏、贪婪、冲突、自私自利的世界，那么我们得到的评判也将反映出这种自私自利的精神取向。

但如果我们的世界充满爱、富足、同情、宽恕和无私，那么我们将会得到不同的评判，让我们可以看到一个新的途径，参与真正的共同创造。通过一种我们遗忘已久，但却仍然期望的方式接触造物主。

而且我们并不是必须去“赢得”这种评判。但是，我们必须选择这条道路。

那么我们该如何做到这一点呢？如果我们确实必须在我们所知的世界末日过程中有所表现，我们该怎么办呢？我们如何才能保证我们成为神奇的 14.4 万人中的一员，同时以正确的方式提出正确的问题？这很容易。我们所要做的就是问一下自己。

在我看来，这可以归结为两个非常简单的问题：你是谁？你想要什么？

我们这个时代有许多滑稽之处，其中之一就是世界各地有许许多多的所谓精神大师在给我们散布错误的信息。由于受到《秘密》这类书的大众化宣传，他们会告诉你，要拥有完美的人生，你需要做的就是自己提出要求。但是他们推销给你的是一种完美的物质生活。如果你在生活中希望得到的是宽敞的住宅、豪华的跑车和漂亮的女友，那么《秘密》这样的书可以起到很好的作用。但如果这不是你真正想要的呢？如果从精神层面看，这不是你真正期望的目标呢？跪下来祈祷希望得到什么东西是远远不够的。我承认，我也这样做过。我想在自己的私人车道上停放一辆保时捷轿车。但在向“大灵”要求这样的礼物之前，我也要明确我的真实意图。为了做到这一点，我必须首先实事求是地面对自己。

如果我得到保时捷轿车的目的只是为了向别人炫耀，让他们看看我比他们富有，那么我很可能难以如愿，至少不会按照我期望的方式或在我期望的时间内得到轿车。但是，如果我确实希望拥有这样一辆轿车，因为我喜欢这种车的样子、喜欢它对我驾车的反应方式，以及驾车的乐趣，那么我就是因为自己的个人兴趣，而不是一己私利而希望有这样一辆车。但是，这并不是说我的意图必须百分之百是纯洁的。是的，我很想驾驶着一辆保时捷、宾利或法拉利轿车在好莱坞各处巡游。为什么不呢？这样做可以满足自我，而这正是我性格中的一个方面，正如同性格是我本人的一方面一样。但是，如果我的意图是用这辆轿车去刺激别人，让别人感觉不如我有钱，我可以感到比别人富有，那样的话，“大灵”或宇宙为什么还要让我如愿以偿呢？

在我看来，我们中的绝大多数人来到世上都是要学着去做好人，离开这个世界时能够比来到时距离造物主更近。而在生命的旅程中，如果我作出了决定，认为从精神层面看，财富必须靠自己的努力去争取，那么不管我付出多少努力去向“上帝”、“大灵”或宇宙祈祷，我也不会如愿。那将和我在生活中得到的教训截然不同。因此，在着手遵循来到世间之前同意走的道路之前，我的第一项任务就是了解自己。

外祖母黑兹尔曾经对我说过：“如果你总是说实话，那么你永远也不需要记住自己说过什么。”和大多数人一样，我也经常撒谎。虽然大多是无关紧要的善意谎言，但毕竟也是谎言。我说谎是为了让自己感觉更好。我说谎是为了避免伤害别人的感情。有时候我说谎时为了“操纵”别人，从而实现对他们的“图谋”。大家都这样做。但是，如果这就是我们最突出的特点，那么这也将是我们最大的收获。因此，要走出的第一步就是正确地认识你的本质。

我们该如何做到这一点？我们甚至该怎样知道生命的目的是什么？

这里我不想给你从精神方面来一番老生常谈，但答案就在我们内心深处。找到适合你的某种东西，找到能够触动你的心灵、激活你感应超然之力的某种东西，因为由此你可以搞清楚真实的自己。我不在乎你怎么去做。对有些人来说，答案可能是摩门教、天主教、卡巴拉教、瑜伽术、自我了悟联谊会或Aetherius协会，但你一定要找到适合自己的那种东西。

对我来说，我的精神内核大多源自音乐。我喜欢U2乐队扣人心弦的旋律和优美的歌词。无论多少次倾听《有或没有你》（*With or Without You*）让人铭记的绝望、《美丽的日子》（*Beaufitul Day*）令人振奋的喜悦、《唯一》（*One*）的悲叹，甚至是《投降时刻》（*Moment of Surrender*）的那种安静的孤独，我都备受感动。迷幻音乐、恩雅这样的新世纪音乐或史蒂芬·哈尔彭（Steven Halpern）的作品都能让我心潮澎湃。但是祈祷、冥思、吟诵的效果就没有这么好了。关键是要多多尝试，找到最适合自己的方式，而且每天都要花时间去尝试一下。

但是请注意，只去那个地方还不够。是的，我们焦虑时那个地方可以让我们平静，悲伤时可以给我们抚慰，空虚时可以让我们充实。但和《秘密》一样，那些都是关于我们的。但是我们到达那里之后该如何做？冥思是不错，但是冥思的目的在于清空我们的大脑来接触我们的精神。

加利福尼亚州卡尔弗城的大爱国际灵性中心是我喜欢隔一段时间就去一次的一所教堂。教堂的负责人是迈克尔·伯纳德·贝克威思（Michael Bernard Beckwith）——一位尊奉美国南方黑人教堂灵恩传统的牧师。我之所以喜欢去那所教堂，是因为虽然教众种族不一，但教堂还是给人一种黑人教堂的感觉。我喜欢这一点。这让我感觉略微有些不适，原因之一是因为我的白人特征极其明显。但是偶尔不适也没什么，因为这样可以让你有机会了解自己。（不过不要指望我跟上音乐的节拍。）但是关于大爱国际灵性中心，我留意到了一点，它实际上跟我去过的其他教堂没有任何差别。迈克尔·伯纳德·贝克威思每周日会在那里举行3次人员密集的礼拜活动，星期三再举行3次，这主要是因为他曾经参与纪录片《秘密》的拍摄，并由此上了一次脱口秀女王奥普拉的节目，但我看到的是每次礼拜活动都有数千人参加。他们走进来，唱圣歌，倾听，欢笑，哭泣，握手。然后他们离开，直到下周的礼拜活动时心灵和大脑才再次回到那个地方。他们似乎没有注意到：上帝并不是自动售卖机。上帝与你每天的生活息息相关，而且时时刻刻都在你身边。只有通过做那些事情，通过寻找途径帮助别人，通过对寻求帮助的诚实要求作出回应，你才会发现自己真正存在多少慷慨之心。你会逐渐地了解自己。一旦了解了自己，你就可以回答第二个问题：你想要什么？

如果你希望世界和平，那么不要抗议战争，请为和平而集会。有时候战争是必要的。真的！第二次世界大战就是一个典型的例子。这个世界上存在真正的邪恶，但邪恶终究是邪恶。邪恶仍然有伤害你和你爱的人的意图，仍然有意用物质享受欺骗你，有意诱惑你背离向善的教诲。邪恶的力量希望我们作出霍皮人讲到的前三个世界中的人作出的同样选择。它希望我们与它在那个下层世界共存，因为它是孤独的、绝望的、邪恶的。因此，无论你多么厌恶战争，有时候你仍然需要抵制邪恶。我们必须亲自行动。我们必须选择美好，摒弃邪恶。

也许你希望世界不再受金钱操纵。也许你抵制商业系统的整个道德基础。但是也请四下打量一下。这一系统一直运作良好。看看我们的医院、神奇的药物和我们的空间站。看看自耶稣降临给我们提供了最终的新政之后，我们已经取得了多大的进展。这一切大多都建立在金钱和信用的基础之上。这个体系真有那么糟糕吗?

所以，请想一想，内心灵魂深处的你究竟希望周围的世界是什么样子。如果你不喜欢商业世界，又不提出对另一种体系的渴望，这是不行的。请你希冀出现一个更加富裕、更加慷慨，与此同时痛苦和物质嫉妒更少的世界。让宇宙来决定如何回应你的请求。

但是也请你记住，在今后几年中，会发生某种事情，某种影响深刻带来变化的事情。影响我们物理世界的行星将会推动这件事情的发生。简而言之，在 2010~2012 年间，有许许多多的天文巧合会出现，因为绝对不会没有任何事情发生。

在通向 2012 的体系之前，我们有几个关键的压力点。你读到这些内容的时候，起初的几个压力点将已经度过，但是还有时间。玛雅历法的第六个夜晚终结（第七天开始）于 2010 年 11 月 2 日。稍后不久，我们就到了 2010 年的冬至日，距离长历法的终结之日只有两年的时间。然后在 2011 年的 10 月 11 日，我们又碰上了阿兹特克历法周期的终结日。然后是 2011 年的冬至日，2012 年 5 月的沙斯塔山日食，2012 年的金星凌日，以及 2012 年 11 月的日食。上述事件连续不断地发生，直到最后长历法在 2012 年 12 月 21 日终结。到那个时候，我相信我们将已经为地球在下一个时代的存在确立了目的。库库尔坎神降临世间的时候，不管是在那一天还是在不久的将来的某一天，将会得到我们发出的信息。我们只是必须作出抉择。你必须作出抉择。

所以，你是谁？你想要什么?

我迫不及待地想要听听你的答案。

The Choice

Using Conscious Thought and Physics of the Mind to Reshape the World

致谢

感谢以下人士给予本书和本人的鼓励和支持。

除我的孪生兄弟戴夫，还有艾伦·佩祖图（Alan Pezutto）、姐姐凯莉、芭芭拉·耶茨（Barbara Yates）、妮娜·多尔瓦尼（Neena Dolwani）、苏珊·舒姆斯基（Susan Shumsky）、威廉·亨利（William Henry）、杰伊·韦德纳（Jay Weidner）、母亲米莉、MC·伯顿（MC Burton）、霍利伍德·梅奥尔（Hollywood Meoil）、迷人的米尼翁·沃克-马基纳博士（Mignon Walker-Marquina）、教会我如何再次去爱的钱德拉·玛丽（Chandra Marie）、我各方面的引路人因迪、我迫不及待希望再次见到的克里奥，以及让我体会到无价之爱的小奥萝拉。

我尤其要感谢我的朋友和良师理查德·C·霍格兰（Richard C. Hoagland）。如果没有他的帮助，很可能就不会有这本书。

我要衷心感谢丹尼斯·扎克（Denise Zak）。不是因为他，我或许不可能达到现在这种令人惊喜的人生层面。

注 释

第 2 章

1. 按照国际天文学联合会的定义，矮行星指的是自由围绕太阳旋转但不是行星卫星的天体，不过其自身的重量不足以形成球状外形。

第 3 章

1. 有趣的是，人类所知的最简单的立体几何形态是四面体，最复杂的立体几何形态是球体。
2. 太阳黑子的活动遵循一个持续 22 年的兴衰周期，由此也影响到太阳的磁场活动。每隔 11 年，太阳黑子活动达到高峰，磁极受到干扰，此后逐渐趋于平静，直到下个高峰的到来。
3. www.time.com/time/magazine/article/0,9171,814720,00.html.
4. “短波无线电传播与行星位置的相关性”，《美国无线电公司评论》第 12 期，1951 年 3 月，26~34 页。
5. 在电视系列剧《宇宙》（*Cosmos*）的一个著名片段中，卡尔·萨根用这种类比方式来贬斥占星学：“根源绝不是在于重力，因为尽管行星极其庞大，但为你接生的医生距离却要近得多。”
6. 《暗黑任务——揭秘美国航空航天局》第二章第 22 页、23 页，Feral 出版社，2007，国际标准书号：978-1-932595-26-0。
7. “美国无线电公司的占星术”，《时代》杂志，星期一，1951 年

4 月 16 日，www.publish.csiro.au/rid/138/paper/AS06018.htm。

8. “太阳与类木行星的自旋轨道耦合制约太阳活动周期吗？”

9. “美国无线电公司的占星术”，《时代》杂志，科学：星期一，1951 年 4 月 16 日。

10. 纳尔逊提到的 0° 组态被称为“合”，指的是两颗或更多的行星出现在不同高度的大致同一位置。按照纳尔逊的研究，这将对太阳产生紧张影响，会像刑和冲那样引起磁暴。虽然占星学上认为合是中立的，但它们也可能具备相关行星的特点。譬如，我不知道纳尔逊是否注意到代表冲突的火星在他所研究的“合”组态中出现过多少次。

第 4 章

1. 确实存在光由粒子还是波构成的争论，不过这并非本书探讨的内容。

2. www.nature.com/news/2008/080813/full/news.2008.1038.html.

3. 亚原子是指小于原子，小到没人能看到的地步。尽管如此，我们可以非常肯定亚原子的存在，因为分解原子时情况也是不同寻常的。

4. “atom”源自希腊语“atomos”，意思是“不可分割的”——真想不到！

5. “Baryon”源自希腊语“Bayrs”，意思是“很重的”。

第 5 章

1. 公元 325 年，基督教会在尼西亚城召开第一次大公会议。在这次会议上，儒略历被接受为普遍采用的历法。

2. 1914 年 4 月 8 日在波士顿召开的美国文物协会半年会论文集，

"日历和年历札记"，乔治 · 埃默里 · 利特菲尔德，29 页。

3. 经线是虚拟的连接南北两极的直线。正午时分，太阳位于经线顶点的正上方。

4. 《古埃及神祇之死》，企鹅出版社，伦敦，1992 年。

第 6 章

1. 本章节的部分内容改编自 www.salagram.net/cycleOages.html。

2. 哲人圣尤地斯瓦尔（1949），《神圣科学》。印度普门会。

3. 同上。

第 7 章

1. "光年"指一年中光在真空中运行 1 年经过的距离，接近 6 万亿英里（5.87863 万亿英里）。与此相对，最远的行星海王星与地球的距离是 0.000963 光年，大约光速运行 4.16 小时经过的距离。

2. 劳普，D. M.；谢普科斯基 · J. J.（1984 年 2 月 1 日）。"地质历史上物种灭绝的周期性"，《美国国家科学院院刊》，81（3）：第 801–805 页。Doi 链接：10.1073/pnas. 81.3.801。

第 8 章

1. 天文学上一年中有四天尤为重要，其中两天与地球围绕太阳的旋转有关，被称为至日。冬至和夏至（12 月 21 日和 6 月 21 日）分别是一年中白昼最短和最长的日子，春分和秋分是黑夜和白昼长度相等的两天。

第 11 章

1. www-istp.gsfc.nasa.gov/Education/wtether.html.
2. 诺贝尔 · 斯通博士，TSS-1R NASA Mission Scientist, www.enterprisemission.com/tmm0010.html.

第 12 章

1. "……我们马上意识到，火箭带来的推动力要比预期的大，因此轨道比设想的要高很多，运转周期也要更长。计划中的轨道最低点（离地球最近的点）大约为 220 英里，最高点（最高的高度）大约为 1 000 英里。事实上最低点和最高点分别为 223 英里和 1 592 英里，轨道周期为 114.7 分钟，而不是最初预期的 105 分钟。http://www-pw.physics.uiowa.edu/van90/ExplorerSatellites_LudwigOct2004.pdf.
2. www.enterprisemission.com/Von_Braun.htm.
3. 阿莱 · 莫里斯，向美国航空航天局提交的报告"阿莱效应及我在 1954~1960 年间开展的类圆锥摆实验"，1999. www.allais.info/alltrans/nasarep.htm。
4. http://home.t01.itscom.net/allais/blackprior/noever/decrypting.htm.
5. 《推动重力：雷萨吉万有引力理论新视角研究》，马修 · R · 爱德华兹，国际标准书号：978-0968368978。
6. www.allais.info/priorartdocs/noever.htm.
7. http://astro.univie.ac.at/.

第 13 章

1. http://www.uwgb.edu/dutchs/platetec/rotationqk2004.htm.

第 15 章

1. 戈尔德 · T. "阿波罗 2 号观测到月球表面不同寻常的釉面现象"。《科学》杂志第 165 期（1969 年）：第 1345 页。
2. 或许跟你通过新闻报道看到的相反，太阳才是地球气候变化和温度起伏的原因，并不是人类的工业活动。
3. 迪梅 · 贝勒，2006 年 3 月 21 日，"地磁翻转或许根本不是随机事件"。physicsworld.com. http://physicsworld.com/cws/article/news/24464. 2009 年 12 月 27 日检索。
4. 肯 · 怀特，《危机中的世界》，第 197 页。